민가협 40주년 기념 도서

민가협 40년, 그 보랏빛 여정

민가협 40주년 기념 도서

민가협 40년, 그 보랏빛 여정

초판 발행일 **2025년 12월 12일**

지은이 민가협40주년기념사업위원회
발행인 이재교

책임편집 옥세현
진행 오병선 이병인
사진제공 민가협40주년기념사업위원회
제작 지경문화사

펴낸곳 굿플러스커뮤니케이션즈(주)
출판등록 2013년 5월 17일 제2013-000136호
주소 서울특별시 마포구 서교동 395-85 703호
대표전화 02-6080-9858
팩스 0505-115-5245
이메일 goodplusbook@gmail.com
홈페이지 www.goodpl.net
페이스북 www.facebook.com/goodplusbook

ISBN 979-11-85818-58-0

민가협 40주년 기념 도서

민가협 40년, 그 보랏빛 여정

민가협40주년기념사업위원회

굿플러스북

목차

4장. 나의 민가협 : 40주년 기념 인터뷰(구술 기록) | 152

5장. 나의 민가협 : 별이 된 이름 | 234

6장. 언론에 보도된 민가협 40년 | 246

에필로그

프롤로그

여는 이야기

민가협 40주년을 기념하며

'민주화실천가족운동협의회(민가협)' 창립 40주년을 맞아 발간되는 본 기념 도서는 군부독재 시절부터 오늘에 이르기까지 민주화와 인권을 위해 헌신해 온 민가협 어머니들의 위대한 서사와 고난의 여정을 집대성한 기록물입니다.

기념 도서는 단순한 사실의 나열을 넘어, 민주화운동과 민주화를 향한 여정 속에서 늘 함께해온 어머니이자 인권운동가로서 희생과 헌신을 아끼지 않았던 민가협 어머니들의 순수한 열정과 정신을 다음 세대에 알리고, 함께 기억하고 연대하기 위한 소중한 역사적 유산이 되기를 소망합니다.

 # 기록 : 민가협 40년, 위대한 서사

민가협의 발자취와 정체성을 담기 위해, 민가협의 개요 · 출범 목적 · 시대별 주요 활동과 핵심 활동 10가지를 선정하여 그 의미와 성과를 상세히 담았습니다. 이를 통해 민가협 40년의 역사를 체계적으로 조망하고자 합니다.

 # 회상 : 민가협 40년, 보랏빛 서정

민가협 어머니들이 직접 들려주는 고난의 여정, 감옥 안팎에서 가족들이 나눈 애틋한 사랑과 연대, 그리고 양심수 네 분이 들려주는 '나의 어머니' 이야기.

현재 생존해 계신 민가협 어머니들이 육성으로 들려주시는 삶과 활동의 기록을 통해, 생생한 역사의 현장을 함께 나누고자 합니다.

민주화실천가족운동협의회

 # 일러두기

본 도서의 원고는 〈민주화운동기념사업회〉와 〈민주화실천가족운동협의회〉의 아카이브 자료를 바탕으로 작성했습니다. 사진 및 이미지 자료는 〈민주화운동기념사업회〉, 〈민주화실천가족운동협의회〉 아카이브와 「민가협 40주년 기념 사진집」에서 수록했습니다. 양심수 4인의 글과 20인의 구술 기록은 이름의 가나다순으로 배열했으며, 호칭 표기는 '000선생, 000어머니, 000님'으로 통일했습니다.

민주와 인권을 지켜낸 민가협 40년의 위대한 기록

1985년 12월 12일, 암울했던 군사독재 시절, 자식과 남편을 독재정권의 감옥에 빼앗긴 사람들이 가족을 석방시키겠다는 일념으로 모였습니다. 그렇게 피눈물을 닦으며 시작된 민가협이 창립 40주년을 맞이했습니다. "내 새끼를 살려야 한다"는 절박한 모성으로 시작된 민가협의 투쟁은 단순한 가족 사랑을 넘어 이 땅의 민주주의와 인권 역사에 길이 남을 위대한 여정이었습니다. 40년이라는 긴 세월 동안 민가협 어머니들은 보랏빛 스카프를 두르고 거리로 나서, 양심수 석방과 국가보안법 철폐, 그리고 고문 없는 세상을 온몸으로 외쳤습니다.

자식들이 끌려간 경찰서 대공분실과 안기부 앞에서 "내 자식을 돌려달라"고 싸우다 경찰에 끌려 난지도에 버려지는 수모를 겪으면서도 우리는 굽히지 않았습니다. 불굴의 용기와 헌신으로 시대의 어둠을 밝히는 촛불이 되었습니다. 독재 권력의 폭력에 맞선 민가협의 투쟁은 우리 사회가 한 걸음 더 민주와 인권의 길로 나아가는 가장 큰 원동력이 되었습니다.

민가협의 40년은 이처럼 고난의 기록이었지만 끝내는 승리의 역사였습니다.

구속된 가족을 만나러 전국 방방곡곡을 헤매던 발걸음, 차가운 감옥 앞에서 밤을 지새우며 함께 했던 연대, 그리고 마침내 세계 최장기수들의 석방을 이끌어내고, 인권침해 행위를 근절하는 성과를 거두었습니다.

민가협 어머니들의 투쟁은 과거의 역사가 아닙니다. 우리가 외쳤던 '양심수 없는 세상', '국가보안법 없는 세상'이라는 염원은 오늘도 여전히 우리 사회가 해결해야 할 과제로 남아 있습니다. 민가협 40주년을 맞아 기념사업위원회가 기록한 이 책은 그래서 더욱 소중합니다. 어머니들의 40년 활동을 체계적으로 담은 이 책은, 다음 세대에게 민주주의와 인권의 가치를 전하는 귀한 자료가 될 것입니다.

이 책의 발간을 위해 물심양면으로 고생하신 40주년 기념사업위원회 사업단 여러분들과 지난 40년간 민가협을 지지하고 후원해 주신 모든 분들께 감사드립니다. 사라져가는 어머니들의 기억을 깨우고 역사를 정리해 주신 여러분들의 노력을 잊지 않겠습니다.

먼저 세상을 떠나신 민가협 어머님들께 이 책을 바칠 수 있게 되어 다시 한번 감사와 경의를 표합니다. 정말 감사합니다.

조순덕
민주화실천가족운동협의회 상임의장

민가협의 역사를 기록하는 귀중한 첫걸음

민가협은 민주화운동 과정에서 구속된 이들의 가족들이 모여 결성한 단체입니다. 보랏빛으로 상징되는 민가협의 활동은 지나온 민주화운동의 40년 역사이자, 내란을 딛고 빛의 혁명을 이룬 오늘의 아름다운 뿌리이기도 합니다.

성서에서 40은 완벽을 뜻하는 숫자입니다. 그래서 민가협 40년은 더욱 의미가 큽니다. 하지만 우리가 또 하나 놓치지 말아야 할 것은 민가협 이전부터 존재했던 구속자 가족들의 운동입니다. 이는 마치 예수님 탄생 이전인 구약의 역사와 같습니다.

1970년대에는 박정희 유신독재에 끌려간 이들의 석방을 요구한 '구속자가족협의회'가 있었습니다. 4·19시기와 1960년대에도 석방운동은 존재했고, 일제강점기에도 독립운동가들의 석방을 요구한 투쟁이 있었습니다. 이러한 역사를 함께 기억하고 담아내는 것이 진정한 40주년일 것입니다.

민가협 창립 40주년을 기념하는 도서, 〈민가협 40년, 그 보랏빛 여정〉의 출간을 진심으로 축하드립니다. 이 책에는 민가협의 지난 40년 역사와 활동이 담겨 있습니다. 역사는 기록을 전제로 합니다. 예수님의 생애도 후대의 제자들이 기록으로 남겼기에 비로소 실재할 수 있었습니다. 그런 의미에서 이번에 출간하는 책은 민가협의 역사를 기록하는 귀중한 첫걸음이 될 것입니다.

민가협의 보랏빛 여정을 기억하겠습니다. 어머니들, 정말 수고 많으셨습니다.

함세웅
신부

민주와 인권을 향한 40년, 어머니의 위대한 여정

1985년, 군사독재의 암울했던 시절, 사랑하는 가족의 구속이라는 고통 속에서 민가협은 태동했습니다. 자식과 배우자를 잃을지도 모른다는 두려움과 절망 속에서도, 민가협 어머니들은 주저앉는 대신 '양심수 석방'과 '인권 수호'라는 깃발을 들고 거리로 나섰습니다. 보랏빛 스카프를 두른 어머니들의 행진은 독재 권력이 가장 두려워했던 민주주의와 인권의 상징이었습니다.

지난 40년간, 민가협은 민주화를 향한 숭고한 투쟁의 중심이었습니다. 매주 열린 1,200회가 넘는 '목요집회'는 양심수들의 존재를 사회에 알리고 국가보안법 등 반민주적 악법 철폐를 요구하는 끈질긴 외침이었습니다. 민가협의 헌신적인 활동은 비인도적인 인권유린이 만연했던 수사기관과 교도소의 변화를 이끌었고, 특히 장기수들의 존재를 세상에 복원하고 이들의 석방을 이끌어내는 놀라운 성과를 거두었습니다.

이처럼 오늘날 우리가 누리는 민주주의와 인권의 소중한 가치들은, 민가협 어머니들의 눈물과 헌신, 그리고 강인한 용기가 있었기에 가능한 것이었습니다. 어머니들이 우리 사회에 바친 순수한 열정과 정신은 후대에 길이 기억되어야 할 민주화운동의 가장 빛나는 모범입니다.

창립 40주년을 맞아, 민가협이 걸어온 자랑스러운 길에 깊은 감사와 존경을 표합니다. 민가협 어머니들의 위대한 여정은 결코 잊히지 않을 것입니다. 앞으로도 인권과 평화가 견고히 뿌리내리는 사회를 향한 민가협의 굳건한 발걸음을 응원하며, 어머니들의 건강과 평안을 기원합니다.

장남수

전국민족민주유가족협의회 회장

대한민국 민주주의와 인권의 살아 있는 역사이자 상징

민가협은 대한민국 민주주의와 인권의 역사이고, 상징입니다. 1980년대 혹독한 탄압의 한복판에서 용기 있게 결성됐고, '구속자 가족'이라는 울타리를 넘어 인권운동의 중심으로, 민주화운동의 주체로 우뚝 섰습니다.

양심수의 가족들이 민주화운동에 나서고 그 주역이 된 것은 세계적으로 드문, 자랑스러운 역사입니다. 민가협 어머니들의 헌신적인 활동은 민주주의가 단지 제도가 아니라 인간의 존엄과 자유를 지키는 실천이라는 것을 보여줬습니다. 그 실천이 우리의 민주주의를 확장해왔습니다.

1980년대 초반 저는 춘천교도소에서 복역했습니다. 옥중투쟁 때마다 전국의 여러 교도소 담장 밖에서 함께 싸우던 어머니들이 계셨습니다. 큰 힘이 됐습니다. 고립된 이들에게 용기와 희망을 불어 넣어주던 그 연대의 흐름이 모여 오늘의 민가협을 만들었습니다. 민가협이 열어온 길 위에서 여러 사회적 참사 가족들이 민가협과 함께 고통을 연대와 실천으로 바꾸는 운동을 이어가고 있습니다. 민가협의 40년은 민주주의를 구체적인 희망으로 만들어온 시간이었습니다.

이번 40주년 기념사업이 지난 40년의 숭고한 실천을 기억하고, 그 정신을 다음 세대와 함께 나누는 새로운 출발점이 되기를 기대합니다. 민가협이 걸어온 길이 대한민국 민주주의를 더욱 단단히 세우는 길로 이어지기를 바라며, 저 또한 그 여정에 함께하겠습니다.

우원식
국회의장

한국 민주주의를 다지는 위대한 실천

엄혹했던 유신독재 시기 민청학련 사건을 계기로 탄생한 구속자가족협의회를 모태로, 1985년 창립한 민가협은 40년의 세월 동안 한국 현대사의 가장 치열한 기록을 만들어 왔습니다. 40년이라는 오랜 기간, 민가협은 억압과 고통 속에서도 끝까지 정의를 향한 인내와 희생을 멈추지 않았습니다. 민가협은 남민전 사건, 재일동포 간첩단 사건, 미 문화원 점거 사건 등 권력의 폭압 앞에서 박해받던 이들의 곁에 기꺼이 함께했습니다.

민가협은 '가족'으로서의 지지와 지원을 넘어, 양심수 석방 문제를 사회적으로 알리고 적극적으로 대응하며 민주화 운동사에서 큰 역할을 했습니다. 양심수의 가족으로서 겪은 아픔을 마주하며, 서로를 위로하고 손을 맞잡은 그 연대는 단지 개인의 슬픔을 넘어 한국 민주주의의 뿌리를 다지는 위대한 실천이었습니다.

이 책은 민가협의 활동 기록과 과거에 대한 회고를 넘어, 민가협 어머니들을 중심으로 한 양심수 가족들의 굳은 의지와 따뜻한 연대의 온기를 품고 있습니다. 민가협이 보여준 용기와 연대, 그리고 희생은 지금도 우리의 정의와 인권의 약속을 지탱하는 뿌리입니다.

민변은 오랜 기간 공익변론과 인권옹호의 자리에서 사회의 어두운 곳에 빛을 비추고자 애써 왔습니다. 민가협이 있었기에 민변의 활동도 더욱 큰 힘을 얻을 수 있었습니다. 민변은 앞으로도 민가협과 함께, 그 뿌리를 잊지 않고 지키며, 더욱 나은 민주사회를 향해 걸어갈 것을 약속드립니다.

윤복남

민주사회를 위한 변호사모임 회장

보랏빛 어머니

어머니,
내 어머니는 내게 큰 걸 바라지 않으셨다
공부 잘하고
정해진 날에 월급 나오는 직장에 들어가고
형제간에 우애 있게 지내고
남에게 욕먹을 일 하지 말고
가족들과 화목하게 지내고
자식들 잘 키우라고
두 손을 꼭 잡고 말씀하셨다

나는 어머니의 이 작고 평범한 소망을
하나도 들어드리지 못했다
세상을 다시 보는 공부를 했고
월급이 꼬박꼬박 들어오던 직장에서 쫓겨났고
이웃에게 손가락질 받았고
아버지에게 의절하겠다는 소리를 들었다

나를 에워싼 채 압박하는
포기 각서를 끝내 쓰지 않고
포승줄에 묶여 호송차에 실려 나갈 때
경찰서 담벼락을 손으로 때리며 울던 어머니를
잊을 수 없다

그러나 어머니는 몇 밤을 새우고 나서는
내 편이 되셨다
내 말을 믿어주셨고
내 선택을 지지해 주셨다
자식을 감옥에 둔 다른 어머니와 손을 잡으셨고
자식 잃은 어머니와 함께 끌어안고 우셨다
내 자식인데
저게 내 자식인데 잘못할 리 없다고
나는 내 자식 편이라고 해 주셔서
감옥 안에서 치욕의 시간을 견딜 수 있었다

궁핍의 날들을 건너갈 수 있었다
어린 자식들을 키워 주셔서
다시 꺾인 무릎을 짚고 일어설 수 있었다

내가 세상에서 받은 상처보다
어머니가 받은 고통이 더 크다
내가 세상에서 받은 박해와 폭력보다
어머니가 견딘 수모가 더 크나
그러나 어머니는 믿어 주셨다

우리가 가고자 하는 길이
어두운 세상에서 빛을 향해 가는 길이라고
우리가 하는 일이 세상에 대한 연민 때문이라고
의로운 일을 해야 할 사람이 필요해서 라고
믿어주셨다
그러면서 우리 어머니에서
한 시대의 어머니로 변하셨다
보랏빛 수건을 매시면서
의로운 세상의 맨 앞에 서 계셨다
고통받는 이들의 맨 앞에 서 계셨다
두려웠을 텐데 입을 꼭 다물고
수도 없이 눈물 흘리며 서 계셨다

살면서 어머니에게 진 빚이 가장 크다
평생을 갚아도 다 갚을 수 없는 큰 빚을 졌다
한 시대가 어머니에게 빚을 졌다
어머니라고 부르면
눈물이 쏟아지곤 하는

어머니 내 어머니
우리 모두의 어머니
한 시대의 보랏빛 어머니
어머니

도종환
시인

기록

민가협 40년, 위대한 서사

1986년 민가협 회원들은 서울구치소 폭행사건에 항의하며 서울구치소에서 연좌 시위를 했다.

1장

민가협을 소개합니다

오늘날은 상상하기 어려운 공포와 폭압이 지배하던 1980년대 군부독재 시절.
민주화를 위한 집회·농성·시위 현장 맨 앞에는 언제나 '어머니'들이 있었습니다.
전투경찰에 끌려가는 학생들을 맨몸으로 막아 구출하고
교도소 앞 맨바닥에서 뜬눈으로 밤을 지새우며
안기부와 경찰서의 담벼락과 철문 앞에서 가혹행위에 맞서 외쳤습니다.
경찰서장도, 교도소장도 그들이 나타나면 당혹감에 몸을 사렸습니다.
인권이 침해되는 그 어느 현장이든 가장 먼저 달려가 온몸으로 싸우는 여인들,
사람들은 그들을 상징적으로 '민가협 어머니'라고 불렀습니다.
그렇게 민주화운동 곳곳에는, 언제나 '민가협 어머니'들이 있었습니다.

집회·농성·시위 현장 맨 앞에서,
경찰서와 교도소 앞 아스팔트 맨바닥에서,
시국사건 재판정에서,
때로는 어디론가 끌려가 버려지고,
자식 같은 전경들에게 맞기도 하면서도
민주와 인권을 위한 활동을 멈추지 않았습니다.
그렇게 '민가협'은 민주화운동의 상징이 되었습니다.

민가협은 민주화운동 관련 구속자들의 가족이 함께 모여 만든 가족운동 단체입니다.

민가협은 1985년 출범 이후 많은 청년·학생들의 구속으로 인해 어머니들이 회원 다수를 이루면서 상징적으로 '민가협 어머니'로 불리게 되었습니다.

민가협의 공식 명칭은 '민주화실천가족운동협의회'로 현판식이 열렸던 1985년 12월 12일을 창립일로 삼고 있습니다. 단체의 상징은 '보라색 스

1986년 신민당사에서 양심수들의 석방을 요구하며 농성 중인 민가협 회원들

카프'입니다. 이는 고난의 세월을 견뎌온 가족들의 슬픔과 분노, 그리고 그 속에서 피어난 희망을 동시에 상징하며, 주요 집회와 행동에서 어머니들이 어김없이 착용해 온 표식이 되어 왔습니다.

민가협은 양심수 석방, 국가보안법 철폐, 고문 추방 등 사회 민주화와 인권 실현을 목적으로 활동하는 민간단체입니다.

민가협은 민주화운동 과정에서 구속된 양심수의 석방과 가혹행위 방지를 위해 온몸으로 맞서 싸워 온 '양심수 지킴이'였습니다.

민가협은 국가권력의 폭력과 인권침해가 발생한 어느 현장에도 맨 먼저 달려가는 '인권 119' 역할을 마다하지 않았습니다.

민가협은 한국 사회 민주화운동과 인권 실태를 국제사회에 적극적으로 알리고 연대하는 첨병 역할을 했습니다.

민가협은 군부독재와 국가 폭력이 일상화된 시기에 피해자(양심수) 가족들을 조직하고 연대하여 흩어져 있던 가족들이 서로 의지하고 정보를 나누는 구심점 역할을 해 왔습니다. 자식과 남편을 감옥에 빼앗긴 이들

1986년 4월 9일, 민가협 어머니들과 서울구치소 수감자 가족들이 소내 폭행중지, 부당금치 철회를 요구하며 서울구치소 담장 너머에 올라서서 항의시위를 하고 있다.

의 고통과 절규는 강력한 도덕적 호소력이 되어 민주화운동의 정당성을 사회에 설득하고, 국민적 지지를 확산시키는 힘이 되었습니다.

민가협은 민주화 운동 과정에서 구속·수배·희생된 이들의 가족들이 주 구성원이었던 단체입니다. 주로 많은 어머니들이 활동하셨고, 이후 시간이 지나면서 구속되었던 가족이 석방된 후에도 민가협 회원으로 남아 인권 운동을 지속해온 분들이 많습니다.

운영은 총회, 상임의장, 공동의장, 부회장, 총무, 상근 간사 등의 운영 체계를 갖추고 활동했습니다.

결성 당시 '구속학생학부모협의회', '장기수가족협의회', '구속노동자가족협의회', '청년민주인사가족협의회', '양심수후원회'로 구성되었고 각 모임의 대표로 공동의장단을 구성하였습니다. 또한 부산, 광주를 비롯한 9개 지역 민가협이 결성되었습니다. 이후 민가협 산하에 '양심수후원회'가 분리되어 별도 운영되었습니다.

역대 의장단을 살펴보면, 초대 의장은 노동운동가 전태일 열사의 어머

1987년 10월 23일, 민가협 제3차 정기총회 및 민중민주운동탄압 저지대회에서 민가협 소속 회원들 모습

니 이소선 여사와 문익환 목사 부인이신 박용길 장로였으며, 초대 총무는 인재근 의원(김근태 의원 배우자)이었습니다. '거리의 어머니'로 불리던 (故) 임기란 어머니가 그 뒤를 이어 회장으로 오래도록 활동하셨으며, 서준식 선생과 유시춘 선생도 초기 민가협 창립을 주도했습니다. 이후 김성한, 김정숙, 남규선, 이소남, 이영, 정순녀, 조무하 등 많은 양심수 가족들이 헌신해 오셨고, 2025년 현재 조순덕 상임의장이 민가협을 이끌고 있습니다.

창립 당시부터 민가협의 최우선 과제는 양심수 석방이었습니다. 이를 위해 정기적으로 양심수 현황을 조사·보고하고 국내외 석방 캠페인을 벌였으며, 국가보안법 폐지와 각종 반민주악법 철폐 운동을 통해 양심수 양산의 구조적 원인을 없애는 데 힘을 기울였습니다. 비전향 장기수 석방·송환 운동과 간첩 조작 사건 진상 규명 요구 역시, 국가권력이 씌운 왜곡된 '범죄자'의 낙인을 벗기고 명예를 회복하기 위한 핵심 과제로 추진되었습니다.

양심수 전원 석방과 수배 해제를 위한 민가협·민통련의 집회

또한, 고문 경찰 이근안 검거 및 처벌 운동을 전개하며, 국가권력에 의한 고문의 실상을 폭로하고 고문 진상 규명 투쟁을 이어갔습니다. 이 과정에서 국가 폭력과 인권탄압 전반에 대한 감시와 공론화를 중요한 역할로 삼아, 개별 사건을 넘어 제도와 구조의 문제를 사회적 의제로 제기했습니다.

아울러 매주 목요집회를 비롯해 '양심수를 위한 시와 노래의 밤', '하루 감옥 체험', '인권 강좌' 등 대중적 문화·교육 프로그램을 통해 시민들이 양심수와 인권 문제를 가까이 체감하도록 했습니다. 정기적인 양심수 현황·장기수 실태 조사에 기반한 각종 보고서와 소식지 「민주가족」 발행은 당시 인권 현실을 증언하는 중요한 기록으로, 이후 한국 민주화운동과 인권운동사를 정리하는 데 중요한 자료가 되었습니다.

민가협이 이룬 가장 중요한 실질적 성과는 무엇보다 양심수들의 조기 석방을 견인해 냈다는 점입니다. 정기적인 양심수 현황 조사와 면회, 석방 촉구 캠페인, 국내외 여론화 작업을 통해 수많은 양심수들이 석방되는 데 결정적인 역할을 했으며, 이 과정에서 구치소·교도소 내 양심수뿐 아니라

2000년 9월 2일, 비전향장기수 송환을 앞두고 북악파크호텔 앞에서 이별을 맞이하고 있다. 1989년 보안감호제도 폐지로 장기수 80여 명이 석방되었으나, 이후에도 50여 명의 장기수들은 여전히 석방되지 못했다.

1998년 12월 10일, 민가협 어머니들이 기독교회관에서 세계인권선언 50주년 기념 인권주간 예배와 인권상 시상식에서 단체사진을 촬영하고 있다.

일반 재소자들의 처우개선에도 영향을 미쳐 수감 환경과 인권 기준을 일정 부분 끌어올렸습니다.

입법·제도 영역에서도 민가협은 사회적 악법 폐지와 제도 변화에 실질적 성과를 남겼습니다. 사회안전법이 1989년에 폐지되고, 1998년 전향제도가 폐지되었으며, 2003년에는 가석방의 전제 조건처럼 강요되던 '준법 서약서' 제도가 폐지되었습니다. 특히 1999년 12월에는 국내 모든 비전향장기수가 석방되었고, 이어 2000년 9월에는 63명의 비전향장기수가 북녘으로 송환되는 과정에 앞장섰습니다.

또한 고문 경찰 이근안의 검거와 처벌을 요구하는 운동을 집요하게 전개함으로써 국가 폭력과 고문에 대한 책임을 분명히 묻는 데 기여했습니다. 동시에 국제 앰네스티 등 해외 인권 단체와 긴밀히 연대하여 한국 인권 상황에 대한 국제적 감시와 압력을 강화함으로써, 국내 인권 제도 개선과 민주화 진전에 우호적인 환경을 조성하는 데 큰 역할을 했습니다.

나아가 민주화운동이 한국 사회의 보편적 규범으로 자리 잡을 수 있도록, '민주화운동 관련자의 명예 회복 및 보상 등에 관한 법률' 제정 과정에도 힘을 보탰습니다.

민가협 창립 성명서

민주화실천가족운동협의회발족에 즈음하여

오늘 우리는 800여 명이라는 해방 이후 최대의 구속자를 만들어내고 있는 현 상황에서 민주화를 향한 실천적 가족운동을 전개하고자 결단하기 위해 함께 모였습니다.

최근 현 정권은 국민의 정치의식이 높아지고 민주화 열망이 고조되자 정권 유지에 위기를 느낀 나머지 불법 연행, 무차별 구류, 대량 구속 등 대대적인 민주화운동 탄압을 자행하여, 유신 말기의 최대 구속자 수 430명의 2배에 달하는 구속자를 양산해냈습니다. 또한 현 정권은 민주화운동에 몸바친 사람들을 관제 공산주의자로 만들기까지 하였습니다.

우리의 아이들이 민주화를 부르짖다 군대에 끌려가서 시체로 돌아오고,

우리의 딸들이 자칭 기관원들에 의해 강제추행을 당하는 이 시대에,

노동자가 억울하게 해고당하고 심지어 쇠고랑까지 차며 농민이 소값의 폭락으로 땅을 치고 빚더미 위에 올라앉는 이 시대에,

일을 하려 해도 일자리가 없고 88올림픽이란 미명하에 도시빈민들이 집을 빼앗기고 거리로 내어쫓기는 이 시대에,

거리가 온통 노란 딱지의 경찰들에 의해 장악된 이 감시의 시대에,

우리 가족들은 이 모든 상황이 분단 40년 동안 이 땅 위에 독버섯처럼 번져왔던 독재의 아성과 모든 반민주적 억압구조에 의해 만들어진 것이라는 점을 다시 한번 확인하면서, 우리는 가족에게 가해지는 현 정권의 탄압이 우리를 죽음으로 몰아넣는다 하여도 우리 아들, 딸, 아내와 남편이 밝은 얼굴로 돌아올 때까지, 이 땅에 민주화가 이루어질 때까지 목숨을 걸고 싸워나갈 것입니다.

어둠을 물리치고 새벽이 찾아오듯,

혹한을 이겨내고 봄의 새 생명이 탄생하듯,

암흑과 불의와 억압의 시대를 물리치고 이 땅 위에 인간의 존엄성과 민주화가 실현되는 그날까지 민주화를 향한 우리 가족들의 힘찬 발걸음은 계속될 것입니다.

우리의 요구

- 구속된 학생, 노동자, 청년, 민주인사 등 모든 양심수를 즉각 석방하라!
- 민중생존권을 수호하기 위한 노동운동, 농민운동, 도시빈민운동에 대한 탄압을 즉각 중단하라!
- 학생운동을 용공시하고 폭도로 모는 작태를 즉각 중단하라!
- 민주화 요구를 용공조작하려는 음모를 즉각 중단하고 지명수배를 즉시 철회하라!
- 왜곡된 수사와 보도로 국민을 기만하는 검찰과 언론은 공개 사과하라!
- 고문 책임자 처단하고, 고문정권 물러가라!

1985. 12. 12.

고 문 : 계훈제, 김명윤, 김승훈, 박영록, 박용길, 박형규, 백기완, 서경원
송건호, 양순직, 이우정, 조남기, 최형우

공동의장 : 강영목, 김춘옥, 이소선, 이정숙, 이청자, 장수향, 조만조, 함정석
박순격

실행위원 : 권순필, 김영희, 김종민, 김설이, 김진경 모, 김정자, 문병상, 박강희
소혜련, 신복수, 신연주, 이병철, 이숙희, 이진순 모, 인재근, 지동심

1987년 10월 23일, 기독교회관 강당에서 열린 '민가협 제3차 정기총회 및 민중민주운동 탄압저지대회'에서 강제징집 철회와 사면·복권 등의 요구가 적힌 머리띠를 두르고 있는 민가협 회원들

2장

민가협 출범과 시대별 역할

민가협은 한국 민주화운동의 역사에서 매우, 특별한 의미를 지닌 단체입니다.
구성원 대부분이 구속자의 어머니와 가족들로 이루어져 절절한 모성애를 바탕으로
온몸을 바쳐 헌신적으로 싸워 왔습니다.
또한 피해자 가족으로 출발했지만, 구속되었던 자식들보다도 더 오랫동안
민주와 인권을 위한 활동을 멈추지 않았습니다.
그 길 위에서 어머니 한 분 한 분이 '피해자 가족'을 넘어
이 시대의 '인권 운동가'로 성장하셨습니다.

1. 1980년대 민가협 출범과 고난의 투쟁

1) 1980년대 시대 배경 : 군부독재와 민주화 열망

1980년대 한국 사회는 군부독재와 이에 맞선 국민의 민주화 열망이 첨예하게 대립하며 정치적 억압이 극심하게 지속되었습니다. 동시에 경제적으로 '3저 호황'을 누리며 사회구조의 변화가 진행된 암울하면서도 역동적인 전환의 시대였습니다.

12·12 군사 반란으로 정권을 장악한 제5공화국은 5·18 광주 민주항쟁을 무력으로 진압하고, 언론 통폐합과 삼청교육대 같은 비인도적인 인권유린과 탄압이 극에 달했고, 그럴수록 국민의 민주화 열망은 더욱 고조되었습니다.

민가협이 출범한 1985년은 망명 중이던 김대중 전 대통령의 귀국, 학생 및 노동운동의 활성화, 서울 미문화원 점거 농성으로 많은 대학생들이 구속되었습니다. 이어서 1986년 부천 성고문 사건과 1987년 박종철 열사 고문치사 은폐·조작, 이한열 열사 최루탄 피격 사건 등으로 폭발한 국민적 분노가 1987년 6월 민주항쟁으로 이어졌고, 결국 전두환 정권은 6·29 민주화 선언과 직선제 개헌을 수용하게 되었습니다.

1987년 7월 4일, 개운사에서 민주헌법쟁취 불교공동위원회와 민가협 공동주관으로 열린 '양심수 전원석방을 위한 기원법회'. 민가협이 6·29선언 이후 선별적 석방을 제시한 노태우를 규탄하는 현수막을 들고 있다.

1985년 7월, 민통련과 구속자가족협의회(민가협의 전신) 회원들이 '양심수 전원석방 촉구 단식농성'을 벌이고 있다. 백기완, 문익환, 박형규, 계훈제, 박계동, 인재근 등의 인사들이 앞줄에 앉아 있다.

2) 민가협 출범과 모태

민가협이 출범한 1985년은 전두환 군부 독재정권의 폭압이 극에 달했던 시기로, 민주주의를 향한 국민의 열망과 저항 역시 더욱 뜨겁게 타오르던 때였습니다.

그 해 미문화원 점거 농성 사건, 민청련 사건, 서노련 탄압 등으로 학생·재야인사·노동운동가들이 대거 구속되고 수배되었습니다. 그럼에도 불구하고 학생운동 조직인 '삼민투', 진보적인 불교 운동단체인 '민중불교운동연합(민불련)'이 결성되는 등 청년 학생, 노동자, 종교단체, 재야인사 등 시민사회의 저항 역시 고조되고 있었습니다.

민가협의 출범

1985년 5월, 미문화원 점거농성 사건으로 많은 대학생들이 구속되면서 '구속학생학부모협의회(구학협)'가 결성되었습니다. 이를 계기로 국가권력의 폭압에 맞서 구금되거나 수배된 자식과 남편을 찾아 안기부 대공분실이나 경찰서 앞에서 애타게 이름을 부르며 절규하던 어머니들이

1985년 12월 12일, 민가협 현판식을 막기 위해 경찰이 입구에 겹겹히 서 있고, 그 앞으로 민가협 회원들이 바닥에 앉아 농성 중이다. 이후 모두 경찰에 끌려갔다.

하나둘씩 모이기 시작했습니다.

민주화운동 과정에서 구속된 이들의 가족들은 점차 하나로 모여, 그들의 석방과 민주화를 요구하는 절박한 목소리를 적극적으로 내기 시작했습니다. 그렇게 한국 사회 민주화 과정에서 아주 특별한 단체인 '민주화실천가족운동협의회(민가협)'가 출범하게 되었습니다.

그러나 출발부터 순탄하지만은 않았습니다. 경찰은 민가협 사무실이 있는 빌딩의 입구부터 봉쇄하며 현판식을 막았고, 이에 항의하던 민가협 회원 20여 명이 중부서로 연행되기도 했습니다.

또한 민가협 결성에서 주목할 부분은 1985년 5월 민청련(민주화운동청년연합) 사건이 터지면서 청년운동가들이 대거 연행돼 혹독한 고문을 받고 구속되자 석방운동에 나선 아내들이 민가협 결성에 함께 참여한 것입니다. 아내들은 학생 구속자 어머니들과 함께 재판 투쟁, 면회 투쟁, 독재타도 투쟁을 펼치고, 각종 실무와 연대사업을 도맡아 민가협을 단기간에 대표적인 민주단체로 발전시켜 냈습니다.

민가협 출범 이전인 1985년 7월 9일, 양심수 가족들이 민주통일민중운동연합(민통련)에서 농성을 이어가고 있다.

1986년 3월 4일, 민가협 명동대회에서 연설을 하고 있는 민가협 회원

민가협의 모태

민가협은 1985년에 갑자기 생겨난 조직이 아닙니다. 1974년 유신독재 시절 민청학련 사건을 계기로 만들어진 '구속자가족협의회(구가협)'와 1976년 '양심범가족협의회'의 활동을 이어받아 남민전, 재일교포 유학생

1987년 1월 13일, '양심수석방 및 반민주 악법개폐 에 대한 공동 기자회견'을 열고 있는 민통련을 비롯한 범민주 단체들

간첩단 사건 등 유신독재 시절 정치적 박해를 받던 가족들과 1980년대 미문화원 점거 농성, 민정당 연수원 점거 농성 사건 등 10년 넘게 이어진 구속자 가족들의 절실한 민주화 열망과 석방 운동으로 결실을 맺은 가족 운동 단체입니다.

1980년대 주요 활동

- 구속·투옥된 민주인사, 학생, 노동자 등 양심수 가족들의 연대 강화
- 양심수 면회, 옥바라지, 가족 지원과 구치소, 교도소 처우개선 투쟁
- 경찰서, 교도소, 안기부 앞 등에서 양심수 석방 촉구 농성과 시위
- 1988년 '양심수 전원 석방 촉구 시민 가요제' 개최
- 고문 및 인권탄압 진상규명과 책임자 처벌 투쟁
- 고문 경찰 이근안 현상수배 운동
- 전두환 구속을 위한 백담사 행진
- 1989년 간첩 조작 사건 진상규명과 석방 촉구 자료집 발간 및 사례발표회 개최
- 반민주악법 폐지 운동으로 1989년 사회안전법 폐지

2. 1990년대 민주와 인권을 위한 대장정

1) 1990년대 시대 배경 : 문민정부와 시민사회의 개혁 갈등

1990년대 한국 사회는 군사정권이 끝나고 문민정부(김영삼 정부, 1993~1998)가 출범하면서 정치적 자유가 확대되고, 세계화와 정보화의 급격한 흐름 속에서 사회 전반이 크게 요동친 격변의 시대였습니다. 특히 후반기에는 IMF 외환위기라는 국가적 재난을 겪으며 경제 및 사회구조가 대대적으로 재편되었습니다.

문민정부 출범 이후 금융실명제 도입, 공직자 재산 등록 및 공개, 하나회 숙청 등 개혁 조치가 추진되었으나, 과거사 청산의 한계와 부정부패, 권력형 비리 등으로 정치권과 시민사회와의 갈등이 고조되었습니다.

또한 지방자치제 전면 실시, IMF 외환위기 이후 신자유주의 도입과 노동 불안정성 확대 등으로 사회적 긴장이 심화되었습니다. 여기에 더해 사회주의권 몰락과 남북관계의 긴장 고조, 성수대교·삼풍백화점 붕괴 등 대형 참사가 잇따르며 사회 전반에 위기감이 더욱 고조되었습니다.

1993년 2월, 민가협 회원들이 탑골공원에서 목요집회를 마친 뒤 조계사로 행진하고 있다.

목요집회 참가자들이 '영남위원회' 사건 구속자들에 대한 부산구치소의 폭력사태를 규탄하고, 진상규명과 책임자 처벌을 촉구하고 있다.

2) 국가보안법 철폐와 인권운동의 전면화

문민정부가 출범한 1990년대 한국 사회는 민주주의로의 이행이 가시화되는 듯했으나, 국가보안법은 여전히 사상과 양심을 억압하며 많은 이들을 감옥에 가두고 있었습니다. 민가협은 이러한 현실을 직시하고, "민주주의의 완성은 국가보안법 철폐와 양심수 석방에서 출발한다"는 입장을 분명히 하며 투쟁을 이어 갔습니다.

민가협은 1990년대 내내 국가보안법 피해 가족들의 증언을 수집·공개하고, 기자회견과 거리 선전전, 청원과 서명운동을 통해 법의 반인권성을 폭로했습니다. 동시에 장기수들의 존재를 사회에 알리고 석방을 요구하는 한편, '양심수 없는 세상'을 외치며 양심수 전원 석방 운동을 지속했습니다.

또한 수감 과정에서 벌어지는 고문과 가혹행위를 폭로하고 인권 보호를 요구했습니다. 옥중서신 공개와 면회 활동을 전개하고, 국제앰네스티 등 국제 인권 단체와의 연대를 통해 한국의 인권 상황을 세계에 알리며 국제적 지지를 이끌어 냈습니다.

1990년대 민가협은 국가보안법 철폐와 양심수 전원 석방, 인권 보장 확대를 핵심 과제로 삼아 국내외 연대를 통해 민주주의 완성을 촉구하며 한국 사회 인권 의제를 선도했습니다.

1998년 6월 14일, '양심수 석방, 우리는 달리고 싶다!'라는 문구가 적힌 현수막을 들고 민가협과 유가협 회원들이 앞장서 행진하고 있다.

1990년대 주요 활동

- 양심수 석방과 국가보안법 철폐를 위한 목요집회. 1993년 9월 시작하여 2020년까지 27년간 총 1,257회 탑골공원 앞에서 진행
- 비전향장기수 석방 운동, 면회 및 편지 보내기, 영치금 지원, 출소 장기수 후원사업, '하루 감옥 체험 행사' 등을 진행해 장기수 문제를 국내외에 공론화하였으며, 1999년 12월 모든 비전향장기수 석방에 기여
- 비전향장기수 송환 운동에도 적극 참여해 2000년 9월, 63명의 비전향장기수들이 북으로 송환되는 데 큰 역할
- 반민주악법 폐지 운동으로 1998년 '전향제도' 폐지
- '양심수를 위한 시와 노래의 밤(1989년~2006년), 시민가요제, '하루 감옥 체험', 인권 만화전, 인권 영화 제작 등 다양한 대중문화 활동을 통해 인권 문제를 사회적으로 공론화
- 국제앰네스티, 유엔(UN) 등 국제 인권 단체에 국가보안법 문제점과 양심수 실태를 지속적으로 알리며 국제 연대활동을 강화·확대

3. 2000년대 이후 : 인권과 평화, 사회 연대의 확장

1) 2000년대 이후 시대 배경 : 사회적 갈등의 폭발

2000년대 이후 한국 사회는 민주화 이후 제도 정착과 사회경제적 불평등이 맞물리며 복합적인 문제들이 발생하였습니다. 정치적 양극화, 초저출산·고령화, 그리고 심각한 불평등 및 사회적 갈등이 심화되었습니다.

2000년대 초반은 문민정부와 국민의 정부를 거쳐 민주주의 제도가 안정화되는 시기였습니다. 2002년 월드컵을 계기로 국민적 자긍심과 집단적 열정이 표출되었습니다. 정보화 사회로의 전환을 통해 인터넷 정치와 온라인 여론 형성이 활성화되었습니다. 시민 참여가 본격화되었고 촛불시위가 확산되었습니다. 한편, 비정규직 확대와 양극화 문제가 날로 확대되었습니다.

2010년대는 보수정권 집권 이후 권위주의 회귀, 한미 FTA, 4대강 사업, 자원외교, 세월호 참사 대응 실패, 역사 교과서 국정화 등으로 사회적 갈등이 폭발하였습니다. 2008년 글로벌 금융위기 충격으로 '헬조선'으로 표현되는 청년층의 좌절과 분노, 불신이 고조되었습니다.

2016년 11월 12일, 박근혜 퇴진광장에서 선봉에 선 민가협 어머니들, "박근혜는 즉각 퇴진하고 모든 양심수를 석방하라" 현수막을 들고 행진하고 있다.

2016년 이후 2020년대는 촛불혁명과 정권 교체, 두 차례의 대통령 탄핵 등으로 정치적 대립이 심화되고, 혐오와 분열, 갈등을 조장하는 극우세력이 본격적으로 등장한 시기였습니다. 또한 2020년 코로나19 팬데믹 이후 젠더 갈등, 저출산, 양극화 심화, 기후 위기 등 미래 사회의 위기를 극복해야 하는 산적한 과제를 안고 있습니다.

2) 인권운동의 강화와 사회적 연대 확대

민가협은 2000년대에도 양심수 석방과 국가보안법 철폐라는 창립 목적 달성을 위해 힘쓰는 한편, 과거사 진상 규명과 새롭게 등장한 인권 침해 문제에 대응하는 활동을 전개하며 사회적 연대를 확대해 나갔습니다.

2000년대에도 국가보안법으로 구속된 사람들이 존재했으며, 민가협은 국가보안법 폐지 범국민운동에 앞장서 양심수 전원 석방을 위한 활동을 지속했습니다. 특히 2004~2005년 국가보안법 폐지 논의가 본격화되었을 때에는 전국적인 서명운동과 기자회견, 농성 등을 전개하며 국가보안법 폐지 운동을 주도했습니다.

또한 2002년 미군 장갑차에 치여 여중생이 사망한 '효순·미선이 사건', 2003년 이라크 파병 반대 운동, 2008년 미국산 쇠고기 수입 반대 촛불집회 등에서도 국가 폭력에 맞서 시민들의 권리를 옹호하기 위해 적극적으로 연대하며 힘을 보탰습니다.

2000년대 이후 주요 활동

- **2020년까지 목요집회 지속 : 국가보안법 철폐와 양심수 석방 운동을 장기적으로 전개**
- **1992년 시작한 민가협장터를 2018년까지 진행**
- **2000년~2007년 인권 강좌 총 49회 진행**
- **조작 간첩 사건 명예 회복 및 재심 청구 운동 전개 : 2005년 함주명 선생 무죄 판결 성과**
- **공권력에 의한 인권 침해 감시 활동 지속**
- **민주화운동 관련자 명예 회복 활동 전개**

2003년, 민가협장터 시작에 앞서 민가협·유가협 회원들과 활동가들이 양심수 피켓과 '양심수 석방' 요구 현수막을 펼치고 단체사진을 찍고 있다.

2004년 10월 16일, 1,000회 목요집회 본무대에서 민가협 회원들이 참석자들에게 인사를 전하고 있다.

1986년 12월 12일, 민가협 제2차 정기총회가 한국기독교회관에서 열리고 있다. 민가협 회원들이 "군사독재 타도하자"는 구호가 적힌 피켓을 들고 있다.

3장

민가협 10대 주요 활동

민가협은 양심수 석방과 국가보안법 철폐 투쟁을 넘어,

인권변호사 선임과 옥바라지로 구속된 가족을 지원하며 활동해 왔습니다.

구치소와 교도소 내 폭력, 장기수 문제, 조작 간첩 사건, 고문 철폐 등

인권 현안에 맞서며 민주화와 인권운동 한가운데서 끈질기게 싸워왔습니다.

민가협 어머니의 사랑은 곧 인권이 되었고, 연대는 역사를 바꾸는 힘이 되었습니다.

01 양심수 석방 운동

1986년 3월 4일, 민가협 명동성당 집회를 마친 후 '양심수를 석방하라', '고문정권 자폭하라'라는 현수막을 들고 행진에 나선 민가협 회원들

민가협은 1985년 창립과 동시에 양심수 석방을 가장 중요한 과제로 삼았습니다. 독재정권 하에서 민주주의와 인권, 통일을 주장했다는 이유로 수많은 시민이 국가보안법과 집시법 등으로 구속되었고, 그 가족들은 사회적 편견과 경제적 고통까지 떠안아야 했습니다.

민가협은 바로 이 가족들이 모여 "사랑하는 가족을 감옥에서 구하고, 더 나아가 양심수 없는 세상을 만들자"는 절박함으로 시작되었습니다.

양심수 석방 운동은 민가협의 정체성이자 한국 민주주의와 인권 운동사에 한 획을 그은 중대한 투쟁이었습니다. 구속된 자식의 어머니들이 주축이 된 민가협은 개인의 고통을 사회적이고 공적인 인권운동으로 승화시켰고, 이는 한국 인권운동의 소중한 자산이 되었습니다.

양심수 가족의 이름으로

'양심수'라는 명칭은 1985년 민가협 출범과 함께 공식적으로 사용되었습니다. 1976년 '한국양심범가족협의회' 출범을 통해 '양심범'이라는 표현이 쓰이다가, 민가협에 의해 공식적으로 '양심수'라 불리게 되었습니다.

민가협은 양심수 가족의 이름으로 면회 투쟁과 교도소 처우개선 투쟁을 본격화했습니다. 개별 면회 및 합동 면회, 추석맞이 양심수 공동면회 등을 조직하였고, 교도소 내 인권유린과 구매품 제한 등 문제 해결을 위해 교도소 앞 농성과 단식투쟁 등 적극적인 행동을 벌였습니다. 이는 양심수만을 위한 투쟁이 아니라 일반 재소자의 처우개선까지 요구하는 투쟁이었습니다.

지속적인 정기 집회와 거리 행동

민가협은 1993년부터 양심수 석방과 국가보안법 철폐를 요구하는 목요집회를 매주 열었고, 2020년 코로나19의 확산으로 중단되기까지 서울 탑골공원 앞에서 총 1,257회 개최하였습니다. 이는 인권운동 역사에서 최장기 집회로 기록되었습니다. 그 밖에도 교도소 앞 1인 시위, 삼보일배, 도보 행진, 기자회견, 서명운동 등 다양한 방식으로 투쟁하였습니다.

국내외 연대활동

국내에서는 천주교 정의구현사제단, 개신교 목회자, 불교계 스님들과 함께 종교 및 인권 단체와 연대하였고, 특히 국제앰네스티, 유엔 등 국제인권 단체와 협력하여 한국의 양심수 문제를 국제사회에 알리는 데 앞장서 왔습니다.

장기수를 위하여

민가협은 수십 년간 수감된 비전향장기수, 조작 간첩 사건 연루자, 통일운동가 등 장기수들의 존재와 현황을 국내외에 알리고 그들의 석방과 비전향장기수 송환을 위한 투쟁을 지속하여 비전향장기수 전원 석방이라는 성과를 이루는 데 기여했습니다.

대중과 함께하는 문화 활동

민가협은 대중과 호흡하는 문화 활동도 적극 추진했습니다. '양심수를 위한 시와 노래의 밤', '하루 감옥 체험 행사', '인권 강좌', 사진전, 수기집 발간, 영화제 등 다양한 문화 활동으로 양심수 석방 운동을 전개했습니다.

1999년, '양심수 석방과 국가보안법 철폐를 위한 캠페인', 첫날, 민가협 어머니들이 명동성당 들머리에 세워진 모형감옥 앞에서 십회를 하고 있다.

양심수 석방을 위한 시대별 주요 활동

▶ 1980년대 민가협 출범과 독재정권과의 전면전

시대적 배경	주요 활동	성과
군부독재 정권 시절 수많은 구속자 양성	민가협 결성, 출범	민주화운동 과정에서 가족 운동의 본격화
고문 및 인권탄압 심각	안기부 대공분실, 경찰서, 구치소, 교도소 앞 거리 시위와 농성	양심수 문제 공론화
1987년 6월 항쟁	시위대 맨 앞에서 시위대를 보호하고 잡혀가는 학생들을 지켜냄	일부 양심수 석방 성과

▶ 1990년대 김영삼, 김대중 정부 시대 목요집회 통한 지속적 투쟁

시대적 배경	주요 활동	성과
김영삼 정부 출범 이후에도 양심수 문제 외면	1993년 양심수 석방을 위한 목요집회 시작하여 27년간 지속	양심수 석방을 위한 장기 투쟁 돌입
국가보안법에 의한 양심수 지속 양산	국가보안법 철폐 운동을 핵심 과제로 지속 투쟁	국가보안법 철폐 사회 공론화
남북관계 개선	비전향장기수 석방 및 송환 운동	비전향장기수 전원 석방

▶ 2000년대 이후 인권운동의 강화와 확장

시대적 배경	주요 활동	성과
권위주의적 잔재 여전히 존재	목요집회 등 지속 장기 투쟁	인권 감시 역할 수행
과거사 청산 문제 대두	조작 간첩 사건 진상 규명 및 명예 회복 운동 전개	피해자들의 재심 청구 및 명예 회복에 노력
인권 인식 확산	인권 강좌 및 문화 활동 강화	인권운동의 상징으로 존재

성과와 의의

민가협의 양심수 석방 운동은 정권교체와 민주화 진전 과정에서 꾸준히 양심수 석방을 이끌어 온 동력이었습니다. 1987년 6월항쟁 직후 대규모 석방, 김대중·노무현 정부 시기의 사면, 촛불혁명 이후의 일부 양심수 석방은 민가협을 비롯한 시민사회의 지속적인 압력과 투쟁 없이는 불가능했습니다. 특히 양심수 가족들이 직접 공론장에 나서 사회적 편견을 깨뜨리고, 양심수 석방 문제를 민주주의와 인권의 문제로 확장한 것은 큰 성과였습니다.

민가협의 양심수 석방 운동은 단순한 가족운동이 아니라 한국 민주주의와 인권 발전을 위한 사회적 실천이었습니다. 가족이라는 사적 영역에 머무르지 않고 공적 영역으로 나와 국가권력에 맞서 싸운 민가협의 활동은

2002년 4월 14일, 대전 교도소 앞에서 진행된 양심수석방문화제 후에 어머니들이 양심수 면회를 요구하며 정문을 흔들자 경찰들이 배치되면서 대치 상태가 되었다.

인권운동의 새로운 지평을 열었습니다.

아울러 '양심수 없는 나라'를 향한 오랜 투쟁은 국가보안법 철폐 운동과 맞물려 현재 진행형의 과제로 남아있습니다. 민가협의 양심수 전원 석방 투쟁은 '민주주의는 끊임없는 투쟁과 연대로 확장된다'는 사실을 증명하며 한국 인권운동의 상징으로 자리매김하고 있습니다.

02 국가보안법 철폐 운동

민가협과 유가협 어머니들이 양심수 사진판을 들고 명동 거리에서 행진하고 있다. (앞줄 오른쪽부터 김순심 씨, 정순녀 씨)

민가협은 양심수 전원 석방을 목표로, 구속자 가족이 중심이 되어 출범한 단체입니다. 따라서 양심수들을 구속하는 주된 근거인 국가보안법 철폐가 민가협의 또 하나의 핵심 목표로 삼은 것은 너무나도 자연스러운 흐름이었습니다.

양심수 전원 석방과 국가보안법 철폐는 한국 인권운동의 핵심 과제이기도 하며, 현재까지도 해결되지 못한 인권운동의 영역입니다.

국가보안법의 배경

국가보안법은 해방 이후 좌우 대립과 건국 당시 비상사태를 해결하기 위한 한시적인 목적으로 1948년에 6개 조문으로 제정되었습니다. 이후 7차례의 개정을 거쳐 반공 이데올로기를 강화하며 보수정권과 독재정권의 정권 유지 수단으로 활용되었습니다. 이 과정에서 민주화운동 세력을 '용공'으로 몰아 탄압했고, 수많은 양심수가 구속 처벌되었습니다.

시대별 국가보안법 철폐 투쟁

▶ 1980년대 민가협 출범 이후 국가보안법 철폐 투쟁

· '양심수는 죄가 없다'는 구호 아래 국가보안법 철폐를 강력하게 주장

· 전두환 군부독재 정권의 탄압 속에서도 집회와 시위를 이어가며 투쟁

▶ 1990년대 본격적인 철폐 투쟁

· 김영삼 문민정부 시절에도 국가보안법이 그대로 유지되면서 민가협은 국가보안법을 '악법 중의 악법'으로 규정하고, 양심수 석방과 함께 국가보안법 철폐 투쟁을 전개

· 김대중 대통령 당선 이후 민가협은 국가보안법 폐지를 공약 이행 과제로 집중 제기

▶ 2000년대 노무현 정부의 국가보안법 폐지 추진과 맞물려 적극 투쟁

· 2004년 노무현 정부와 열린우리당의 국가보안법 폐지 추진과 맞물려 적극 대응하였으나, 보수 야당과 언론의 거센 반발로 무산됨

· 민가협은 '국가보안법 없는 세상' 캠페인을 시작으로 시민사회단체와 연대 투쟁

· 특히 목요집회에서 양심수 가족들의 증언, 전국 순회강연, 문화제 등을 통해 지속 확산

▶ 2010년대 이후 국가보안법의 여전한 잔존과 저항

· 이명박, 박근혜 정부 시기 국가보안법은 오히려 강화되어 진보세력 탄압 수단으로 악용됨

· 민가협은 이 시기 '국가보안법 폐지 국민행동', '국가보안법 피해자 공동대책위' 등을 통해 시민사회단체와 적극 연대하여 투쟁

· 현재에 이르기까지 40년 동안 국가보안법 철폐 투쟁을 지속해 오고 있음

[주요 일지] 국가보안법과 반민주악법 철폐 투쟁 주요 일지

- 1989. 사회안전법 폐지
- 1990.02.14. 정치 야합 분쇄, 양심수 전원 석방, 국가보안법 철폐를 위한 농성
- 1990.04.21. 양심수 전원 석방, 국가보안법 노동악법 철폐를 위한 농성
- 1991.01.21. 국가보안법 철폐 촉구 20일 농성
- 1992.02.15. 사상전향제에 대한 헌법소원 제기 기자회견
- 1992.07.22. 국가보안법 철폐, 장기수 전원 석방을 위한 1주일 연대 농성
- 1994.04.18. 민주당 대표실에서 양심수 석방과 국가보안법 철폐 요구 단식농성
- 1994.11.01. 서울구치소에서 양심수 100여 명 국가보안법과 노동악법 철폐를 위한 단식농성 돌입
- 1995.01.09. 고문범죄에 대한 공소시효 적용은 위헌이라는 취지의 헌법소원 청구
- 1995.04.03. 국가보안법 19조 구속연장 규정에 대한 국가 상대 손배소 제기
- 1995.07.20. 국가보안법 피해자 대회 개최
- 1995.11.01. '국가보안법 우리에게 무엇인가?' 심포지엄 주최
- 1995.11.22. '탈냉전 신국제질서와 인권' 국가보안법 국제 심포지엄 주최
- 1998. 전향 제도 폐지
- 1999.07.21. 아주 작은 인권만화전 '꼼짝마! 국가보안법' 오픈
- 2000.06. 남북공동선언 합의 정신에 따른 국가보안법 폐지 운동 전개
- 2001.11. 기본권 침해 우려되는 국가정보원 테러방지법 입법 저지 운동
- 2003. 준법서약서 폐지
- 2004. 공안문제연구소 폐지
- 2004.11.-12. 17대 국회, 국가보안법 철폐 촉구 국회 앞 농성
- 2007.03.04. 개정 집시법 불복종운동 선언
- 2009.07.31. 김은혜씨 국가보안법 적용 연행 규탄 기자회견
- 2023.05.26. '국가보안법 폐지해! 봄날' 콘서트 공동 주최

성과와 의의

민가협의 국가보안법 철폐 투쟁은 국가보안법이 단순히 국가 안보를 위한 법이 아니라 민주주의를 억압하고 인권을 침해하는 악법이라는 인식을 대중적으로 확산시켰습니다.

권오헌 민가협 양심수후원회 회장이 목요집회에서 여는 말을 하고 있다.

이는 국가보안법과 반민주악법 철폐 운동으로 확장되며, 1989년 사회안전법 폐지, 1998년 전향제도 폐지, 2003년 준법서약서가 폐지되고, 2004년에는 공안문제연구소가 폐지되는 성과를 이루기도 했습니다.

민가협의 핵심 과제인 양심수 석방과 국가보안법 철폐는 폭력적인 공권력에 맞서 피해 가족들이 스스로 주체가 되어 투쟁했다는 점에서 특별한 의미를 지닙니다.

이 투쟁은 민가협 활동을 전체 민주화운동과 연결하는 핵심 고리였으며, 민가협을 한국 민주화운동과 인권운동의 중요한 상징으로 자리매김하게 했습니다.

03 비전향장기수 석방 및 송환 운동

비전향 장기수 우용각 씨가 양심수 정수일의 사진판을 들고 있고, 통일운동가 박정숙 씨는 '인도적 차원에서 비전향 장기수는 송환되어야 한다!'라는 피켓을 들고 있다.

민가협은 국가보안법이나 옛 반공법 등으로 장기간 복역한 사람들, 특히 사상 전향을 거부하고 수십 년간 수감 생활을 해온 비전향장기수를 중요한 양심수로 규정하고 이들의 석방을 요구했습니다. 이 운동은 이념적 대립을 넘어, 사진 한 장이나 연고자 등 실체를 확인할 수 있는 그 어떤 기록도 없이 우리 사회에서 지워져 있던 장기수들을 세상 밖으로 알려 내고 끝내 석방을 이뤄낸 중요한 인권운동이었습니다.

더불어 '빨갱이'란 이름으로 낙인찍혀 사회적 편견 속에 고립되어 고통받던 '조작 간첩 사건' 연루자와 그 가족들과도 연대하여 조작 간첩 사건을 공론화하고 재심 청구를 통해 진실 규명을 위한 활동을 추진했습니다.

5·6공 군부독재 정권하에서 조작된 간첩 사건의 실태를 밝히고 이들의 명예회복과 진상규명을 위해 조작 간첩 사건 사례보고서 작성과 전국 순회 사례발표회, 재심청구운동 등을 꾸준히 전개했습니다.

1980년대 후반 이후 '양심수 전원 석방'과 더불어 '비전향장기수 석방' 운동을 본격화하여 2000년대 초반까지 끈질기게 이어갔습니다. 1993년 이인모 선생의 송환을 계기로 귀향 의사를 가진 모든 비전향장기수의 북녘 송환 운동을 펼쳤습니다. 민가협의 이러한 노력으로 장기수 석방과 송환 문제는 한국 사회의 중요한 인권 문제로 부각되었습니다.

주요 활동

▶ 옥바라지

민가협 산하 '양심수후원회'를 중심으로 장기수에게 영치금, 영치품 전달, 편지 보내기, 교도소 접견 활동 등을 전개했고, 체계적인 후원을 통해 장기수와 사회를 잇는 연결 고리를 마련했습니다.

▶ 지속적인 알림 활동

1993년부터 시작된 목요집회는 장기수 석방과 송환 문제를 국민에게 알리는 중요한 활동 무대였습니다. 이와 함께 집회, 서명운동, 청원 운동 등을 지속적으로 전개했습니다. 특히 명동성당에서 진행한 '하루 감옥 체험' 행사에는 수많은 예술인, 영화배우, 교수, 종교인, 방송인, 시인, 만화가 등 사회 유명 인사들이 참여하면서 대중적인 관심을 불러왔습니다.

▶ 연대활동

시민사회단체와 연대하여 '비전향장기수 송환추진위원회'를 구성해 활동했고, 국제 인권단체와 해외 인사들을 통해 한국의 비전향장기수 문제를 국제사회에 공론화하는데 역할을 집중했습니다.

성과와 의의

1993년, 전 인민군 종군기자였던 이인모 선생이 오랜 기간에 걸친 송환 운동의 결실로 마침내 북으로 송환되었습니다. 이는 남북 간 인도주의적 현안을 풀어낸 첫 사례로 평가되고 있습니다.

2000년 여름, '비전향장기수 환송의 밤' 행사에서 떠나는 장기수들이 인사하고 있다.

1995년에는 세계 최장기수로 알려진 김선명 선생을 비롯한 여러 장기수들이 석방되었습니다. 이어서 1998년에는 8·15 특사를 통해 다수의 비전향장기수들이 석방되었고, 결정적으로 1999년 12월 31일, 마지막으로 남아있던 비전향장기수들이 전원 석방되었습니다. 2000년 9월 3일, 63명의 비전향장기수가 북녘으로 송환되면서 인도주의적 실천의 상징적인 사건이 되었습니다.

[주요 일지] 비전향장기수 석방 송환 운동 및 조작간첩 사건 공론화

- 1988.10.23. 조작간첩 장기수 가족 전국 순회 사례발표회
- 1988.12.04. 조작간첩 진상규명 촉구 단식농성
- 1989.10.23. 전국 순회 간첩사건 사례 발표회
  〈간첩조작 이제 그만〉, 〈간첩은 이렇게 만들어집니다〉 자료집 발간
- 1992.07.22. 국가보안법 철폐, 장기수 양심수 전원 석방을 위한 1주일 연대 농성
- 1993.03.17. 비전향장기수 이인모 선생 송환
- 1995.08.07. 45년 세계 최장기수 김선명 선생과 양심수 전원 석방을 위한 캠페인
- 1995.10.21. 세계 최장기수 석방 환영의 밤 행사

· 1995.12.23. 민가협 외 26개 단체 대표 '안기부 간첩사건 조작 진상규명 공동대책 위원회' 결성
· 2000.09. 비전향장기수 송환 추진 운동으로 63명 북송
· 2005.07. 조작간첩 함주명 사건 재심 재판 무죄 선고
· 2006.10. 조작간첩 사건 자료집 〈나는 간첩이 아니다〉 발간

---

04 민가협 목요집회

2001년 1월 11일, 400회 목요집회에서 민가협 회원들이 양심수의 프로필 피켓를 들고 발언자의 구호를 따라하고 있다.

민가협 목요집회는 민가협의 정체성과 인권운동에 상징하는 핵심 활동이었습니다. 1993년 9월 23일 첫 번째 목요집회를 시작으로 매주 서울 종로구 탑골공원 앞에서 열렸습니다. 코로나19의 확산으로 2020년 2월 중단되기 전까지 27년간 총 1,257회에 달하는 세계 최장기 집회라는 기록을 남겼습니다.

1993년 문민정부라 불리는 김영삼 정권이 들어서고도 양심수와 국가보안법 문제가 여전히 해결되지 않고 새로운 인권침해가 이어지자, 민가협은 9월부터 '양심수 석방과 국가보안법 철폐를 위한 목요집회'를 열기 시작했습니다.

목요집회는 양심수 석방과 국가보안법 철폐를 비롯해 국가권력에 의한 인권침해뿐만 아니라 사회적 약자, 소수자들의 인권 현안을 생생하게 증

2000년 6월 29일, 335회 목요집회에 참석한 1980년 노벨평화상 수상자 아돌포 뻬레스 에스끼벨 씨

언하고 해결을 촉구하는 '인권 신문고' 역할을 했습니다. 이처럼 민가협은 목요집회를 통해 인권운동 영역을 확장해 나갔습니다.

목요집회는 국제연대집회, 거리 음악제, 퍼포먼스, 상징과 이미지를 활용한 선전전 등 다양한 대중문화를 활용하여 사회적 공감대를 형성하기 위한 새로운 시도를 거듭해 왔습니다.

특히 거리 음악제에서는 (故)김광석, 송시헌, 권진원, 안치환, 김현성, 김영남, 최도은, 꽃다지, 노래마을, 노찾사, 조국과 청춘 등 많은 가수들이 아름다운 노래로 민가협 어머니들의 행렬에 함께 했습니다.

성과와 의의

민가협 목요집회는 1990년대부터 2000년대에 이르기까지 꾸준히 이어지며 양심수·장기수 석방에 실질적으로 기여한 상징적 현장이 되었습니다.

또한 국가보안법이 어떻게 양심수를 양산하고 가족들을 파괴했는지 구체적인 사례와 증언의 공유를 통해 국가보안법 철폐를 향한 국민적 공감대를 넓히는 데 큰 역할을 하였습니다.

2003년 12월 11일, 탑골공원 앞에서 열린 국가보안법 철폐와 양심수 석방을 위한 목요집회 500회 기념 행사에서 구호를 외치는 조순덕 어머니

아울러 민주주의와 인권 의제를 대중과 함께 다양한 형태로 공론화하는 장이 되었습니다. 단순한 규탄 집회를 넘어 인권과 평화, 연대의 메시지를 더 많은 시민들이 자연스럽게 접할 수 있도록 하였습니다.

민가협의 목요집회는 한국 민주화운동의 상징적인 집회였습니다. 세계 최장기 집회 중 하나라는 자부심과 함께 단순한 항의를 넘어 가족들의 눈물과 시민사회의 연대가 빚어낸 민주주의 광장이자 투쟁의 중심 무대였으며, 문화가 어우러지는 대동의 마당이었습니다.

[주요 일지] 목요집회

- 1993.09.23. 제1회 양심수 석방과 국가보안법 철폐를 위한 목요집회 개최
- 1995.04.20. 장기수들의 고통을 함께하는 목요집회
- 1995.06.07. 명동성당, 조계사 경찰 난입과 한국통신 노동자 강제연행 규탄 집회
- 1995.08.10. 제100회 목요집회

- 1995.11.23. 전세계 인권운동가들과 함께하는 목요집회 주최
- 1997.09.25. 제200회 목요집회
- 1999.10.07. 제300회 목요집회
- 2001.11.01. 제400회 목요집회
- 2003.12.11. 제500회 목요집회
- 2006.01.03. 제600회 목요집회
- 2008.08.13. 제700회 목요집회
- 2010.05.20. 제800회 목요집회
- 2011.11.03. 제900회 목요집회
- 2014.10.16. 제1,000회 목요집회
- 2018.07.19. 대사면 촉구 민가협 기자회견
- 2020.02.13. 제1,257회 목요집회
- 이후 코로나19 확산으로 중단

---

05 인권 콘서트 : 양심수를 위한 시와 노래의 밤

1993년 12월 12일, 한양대학교 올림픽체육관에서 열린 다섯 번째 '양심수를 위한 시와 노래의 밤'에서 "국가보안법을 철폐하고 양심수를 석방하라!"라는 현수막이 걸린 무대에서 단체 인사를 진행하고 있다.

민가협이 주최한 '양심수를 위한 시와 노래의 밤'은 한국 인권 운동사에 중요한 의미를 지닌 정기 문화 행사였습니다. 이 행사는 양심수들의 석방과 인권 신장, 양심수를 양산하는 사회구조 및 국가보안법 철폐의 정당성을 대중에게 홍보하는 '인권 콘서트'로 민가협 활동의 중요한 축을 이루었습니다.

행사 취지

· 양심수들의 실태를 알리고 석방을 촉구하는 목소리를 확산
· 문화예술의 힘으로 양심수와 가족들의 아픔을 함께하고 시와 노래를 통한 연대의 확산
· 거리 투쟁을 넘어 누구나 참여할 수 있는 문화제를 통해 민주화운동과 인권운동의 대중화

행사 내용

· 시 낭송 : 양심수의 옥중 시와 편지 그리고 문인들의 시 낭송
· 노래 공연 : 민중가요를 비롯한 저항과 희망의 노래, 대중가수들의 친숙한 노래 공연
· 영상 상영 : 민가협 사진전, 가족들의 그림전, 구속자와 가족의 사연을 담은 영상 상영
· 가족 발언 : 양심수 가족들의 발언, 사회 각계 인사들의 연대 메시지로 공감과 지지 표명
· 시민 참여 : 합창, 서명운동, 후원 모금 등 누구나 함께할 수 있는 다양한 시민 참여 공간
· 주요 출연진 : 정태춘, 안치환, 전인권, 김종서, 한영애, 윤도현밴드, 넥스트 등 다양한 장르의 대중음악 가수들과 민중가요 노래패, 김정환 연출가 등이 노개런티로 참여

2003년 12월 19일, 장충체육관에서 열린 열다섯 번째 '양심수를 위한 시와 노래의 밤'에서 일곱빛깔 무지개 요정 어린이와 산타클로스 복장을 한 박원순 변호사가 공연 시작을 알리고 있다.

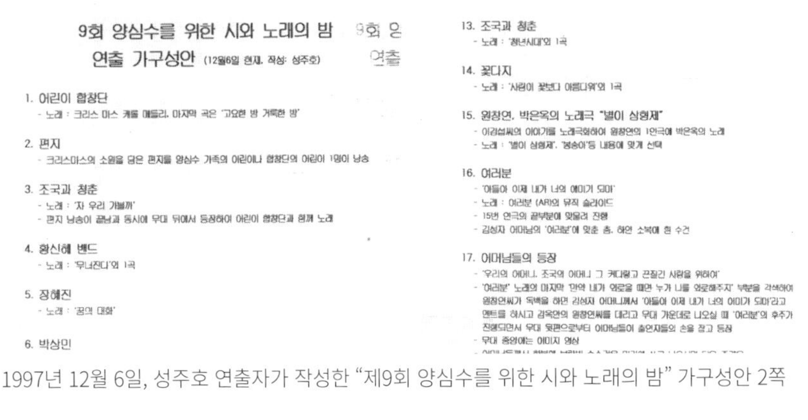

9회 양심수를 위한 시와 노래의 밤
연출 가구성안 (12월6일 현재. 작성: 성주호)

1. 어린이 합창단
- 노래 : 크리스 마스 캐롤 메들리. 마지막 곡은 '고요한 밤 거룩한 밤'

2. 편지
- 크리스마스의 소원을 담은 편지를 양심수 가족의 어린이나 합창단의 어린이 1명이 낭송

3. 조국과 청춘
- 노래 : '자 우리 가볼까'
- 편지 낭송이 끝남과 동시에 무대 뒤에서 등장하여 어린이 합창단과 함께 노래

4. 황신혜 밴드
- 노래 : '무너진다'외 1곡

5. 장혜진
- 노래 : '꿈의 대화'

6. 박상민

13. 조국과 청춘
- 노래 : '청년시대'외 1곡

14. 꽃다지
- 노래 : '사람이 꽃보다 아름다워'외 1곡

15. 원창연, 박은옥의 노래극 "별이 삼형제"
- 이경섭씨의 이야기를 노래극화하여 원창연의 1인극에 박은옥의 노래
- 노래 : '별이 삼형제', '봉숭아'등 내용에 맞게 선택

16. 여러분
- '아들아 이제 내가 너의 에미가 되마'
- 노래 : 여러분 (AR)의 뮤직 슬라이드
- 15번 연극의 끝부분에 맞물려 진행
- 김성자 어머님의 '여러분'에 맞춘 춤. 하얀 소복에 흰 수건

17. 어머님들의 등장
- '우리의 어머니, 조국의 어머니 그 커다랗고 끈질긴 사랑을 위하여'
- '여러분' 노래의 마지막 '만약 내가 외로울 때면 누가 나를 외로해주지' 부분을 각색하여 원창연씨가 독백을 하면 김성자 어머니께서 '아들아 이제 내가 너의 어미가 되마'라고 멘트를 하시고 김옥안의 원창연씨를 데리고 무대 가운데로 나오실 때 '여러분'의 후주가 진행되면서 무대 뒷편으로부터 어머님들이 출연자들의 손을 잡고 등장
- 무대 중앙에는 이미지 영상

1997년 12월 6일, 성주호 연출자가 작성한 "제9회 양심수를 위한 시와 노래의 밤" 가구성안 2쪽

성과와 의의

인권 콘서트 '양심수를 위한 시와 노래의 밤'은 인권 문제를 쉽고 자연스럽게 대중에게 알리는 중요한 문화적 통로가 되었습니다. 집회와 성명서 중심의 운동을 넘어, 노래·시·연극·미술 등을 통해 인권과 민주주의의 가치를 전하는 무대였으며, 이를 통해 문화와 사회운동이 결합하는 모범적 사례를 만들었습니다.

학생, 노동자, 시민들이 가족 단위로 함께 참여할 수 있는 열린 공간이었고, 대중가요 가수, 시인, 연극인, 화가 등 다양한 문화예술인들이 자발적으로 동참하면서 인권운동의 저변이 넓어졌습니다. 오랫동안 정기적으로 이어진 인권 콘서트는 한국 사회를 대표하는, 세계적으로도 드문 장기적 인권 문화 행사로 평가받고 있습니다.

[주요 일지]

- 1989.~2006. 매년 12월 10일 '세계인권선언' 기념일을 즈음하여 총 18회 공연 진행
- 1989.12.28. 첫 번째 인권 콘서트 '양심수를 위한 시와 노래의 밤' 세종대 대양홀 개최
- 1990.12.07. 두 번째 인권 콘서트 '양심수를 위한 시와 노래의 밤'
- 1991.12.06.-07. 세 번째 인권 콘서트 '양심수를 위한 시와 노래의 밤'
- 1992.12.11. 네 번째 인권 콘서트 '양심수를 위한 시와 노래의 밤'
- 1993.12.12. 다섯 번째 인권 콘서트 '양심수를 위한 시와 노래의 밤'
- 1994.12.10. 여섯 번째 인권 콘서트 '양심수를 위한 시와 노래의 밤'
- 1995.12.10. 일곱 번째 인권 콘서트 '양심수를 위한 시와 노래의 밤'
- 1996.12.15. 여덟 번째 인권 콘서트 '양심수를 위한 시와 노래의 밤'
- 1997.12.23. 아홉 번째 인권 콘서트 '양심수를 위한 시와 노래의 밤'
- 1998.12.12. 열 번째 인권 콘서트 '양심수를 위한 시와 노래의 밤'
- 1999.12.19. 열한 번째 인권 콘서트 '양심수를 위한 시와 노래의 밤'
- 2000.12.09. 열두 번째 인권 콘서트 '양심수를 위한 시와 노래의 밤'
- 2001.12.15. 열세 번째 인권 콘서트 '양심수를 위한 시와 노래의 밤'

2004년 12월 4일, 한양대학교에서 열린 열여섯 번째 인권 콘서트 '양심수를 위한 시와 노래의 밤'에서 촛불을 든 임기란 어머니와 의사봉을 두드리는 조순덕 어머니

· 2002.12.04.	열네 번째 인권 콘서트 '양심수를 위한 시와 노래의 밤'
· 2003.12.18.	열다섯 번째 인권 콘서트 '양심수를 위한 시와 노래의 밤'
· 2004.12.04.	열여섯 번째 인권 콘서트 '양심수를 위한 시와 노래의 밤'
· 2005.12.10.	열일곱 번째 인권 콘서트 '양심수를 위한 시와 노래의 밤'
· 2006.12.09.	열여덟 번째 인권 콘서트 '양심수를 위한 시와 노래의 밤'
· 2014.12.11.	2014 인권콘서트 '고단한 시대 희망을 노래하자!' (53개 단체 공동 주최)

06 고문 기술자 이근안 현상수배 및 고문 추방 운동

민가협은 1989년 '고문 기술자'로 불린 이근안 고문 경찰에 대한 현상수배와 함께 고문 추방 운동을 대대적으로 전개했습니다. 고문 기술자로 악명을 떨쳤던 이근안에게 직접 현상금을 내걸고 고문 추방 운동을 함께 전개한 것은 한국 민주화운동 역사에서 매우 중요한 인권운동 사례입니다.

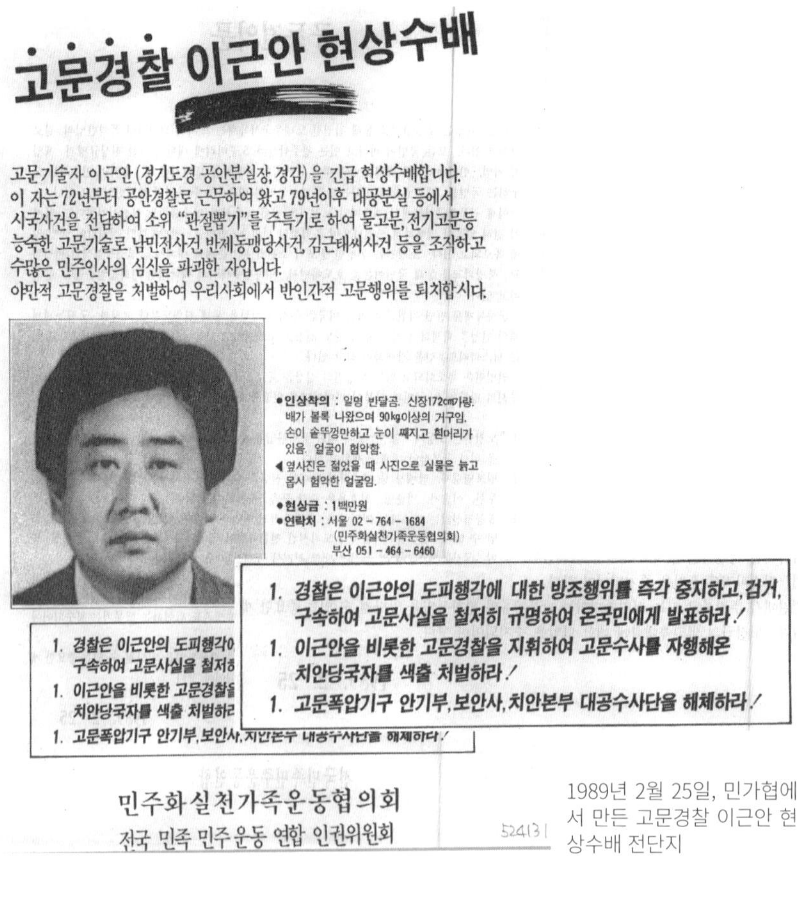

고문경찰 이근안 현상수배

고문기술자 이근안(경기도경 공안분실장, 경감)을 긴급 현상수배합니다.
이 자는 72년부터 공안경찰로 근무하여 왔고 79년이후 대공분실 등에서 시국사건을 전담하여 소위 "관절뽑기"를 주특기로 하여 물고문, 전기고문등 능숙한 고문기술로 남민전사건, 반제동맹당사건, 김근태씨사건 등을 조작하고 수많은 민주인사의 심신을 파괴한 자입니다.
야만적 고문경찰을 처벌하여 우리사회에서 반인간적 고문행위를 퇴치합시다.

- 인상착의 : 일명 반달곰. 신장172㎝가량. 배가 볼록 나왔으며 90㎏이상의 거구임. 손이 솥뚜껑만하고 눈이 째지고 흰머리가 있음. 얼굴이 험악함.

◀ 옆사진은 젊었을 때 사진으로 실물은 늙고 몹시 험악한 얼굴임.

- 현상금 : 1백만원
- 연락처 : 서울 02 - 764 - 1684 (민주화실천가족운동협의회) 부산 051 - 464 - 6460

1. 경찰은 이근안의 도피행각에 대한 방조행위를 즉각 중지하고, 검거, 구속하여 고문사실을 철저히 규명하여 온국민에게 발표하라!
1. 이근안을 비롯한 고문경찰을 지휘하여 고문수사를 자행해온 치안당국자를 색출 처벌하라!
1. 고문폭압기구 안기부, 보안사, 치안본부 대공수사단을 해체하라!

민주화실천가족운동협의회
전국 민족 민주 운동 연합 인권위원회

1989년 2월 25일, 민가협에서 만든 고문경찰 이근안 현상수배 전단지

주요 활동

이근안은 1970년대 후반부터 1988년까지 경찰 대공 분야 수사관으로 박정희 정권과 전두환 정권 하에서 수많은 민주인사와 일반인을 고문했습니다. 1985년 김근태 민청련 의장을 남영동 대공분실에서 고문한 사실이 확인되면서 1988년에 수배되어 10여 년간 도피 생활을 했습니다.

민가협은 이근안이 경찰 수배를 피해 잠적하자 1989년 2월 21일 '고문 기술자 이근안 국민수사 선언 및 현상수배 선포식'을 열고 이근안을 자체적으로 현상금을 내걸고 현상수배했습니다. 현상수배 전단 10만 장을 전국에 배포하고 전 국민을 대상으로 대대적인 시민 검거 활동을 이어갔습니다. 이후 매년 검거 촉구 기자회견을 가졌으며, 1999년 10월 28일 이근안의 자수 이후에는 이근안 철저 조사와 처벌을 촉구하는 시위를 이어갔습니다.

민가협은 이근안 현상수배뿐만 아니라 고문 경찰 전원 색출과 처벌, 고문 수사를 자행한 치안당국 책임자 처벌, 폭압기구 해체를 촉구했습니다. 또한 고문 피해자 증언과 고문 실태 폭로 등 고문 추방 운동을 전국민적으로 전개하였고, 1994년 7월 5일에는 6공화국 고문수사관 2백여 명을 고소·고발하였습니다.

성과와 의의

민가협의 대대적인 이근안 현상수배의 영향으로 고문 기술자 이근안은 1999년 잠적 11년 만에 검찰에 자수하였고, 공소시효가 만료되지 않은 다른 고문 사건(납북어부 김성희씨 불법 감금 및 고문)으로 기소되어 징역 7년을 선고받았습니다.

민가협의 이근안 현상수배와 고문 추방 운동은 국가권력에 의한 조직적인 고문 행위를 더 이상 용납할 수 없다는 시민사회의 강력한 의지를 보여준 활동이었습니다. 한국 사회에서 고문이 중대한 인권침해이자 더 이상 발붙일 수 없는 중대한 범죄임을 명확히 인식시켰습니다.

1999년 10월 29일, 서울지검 앞에서 이근안에 대한 철저한 수사를 촉구하는 민가협 회원들

1999년 11월 25일, 307회 목요집회에서 '고문범죄 진상규명과 재발방지를 위한 특별법 제정'을 촉구하는 민가협 회원들과 고문 피해자들

[주요 일지]

- 1986.08. 성고문사건 권양 실형선고 항의 법정 농성
- 1989.02.21. 고문 수사관 이근안 국민수사 선언 및 현상수배
- 1991.01.22. 이근안 현상수배 2년 검거 촉구 기자회견
- 1994.07.05. 6공 고문수사관 2백여 명 고소·고발
- 1995.01.09. 고문범죄에 공소시효 적용은 위헌이라는 취지로 헌법소원 청구
- 1996.11. 유엔 고문방지위원회 고문 보고서 제출 및 유엔 고문방지위원회 한국 인권상황 심의회의 참가
- 1999.10. 고문경관 이근안 철저 조사 촉구 시위

07 민가협 민주 장터

2018년 9월 19일, 서울대학교 학생회관 앞에 설치된 민가협장터 전경

민가협은 '양심수 석방 기금 마련을 위한 민주 장터'를 1992년부터 서울대학교에서 열었습니다. 민가협 어머니들이 직접 정성과 손맛을 보태 마련한 민주 장터는 모든 양심수가 자유를 찾고 양심수를 양산하는 국가보안법이 사라지는 그날까지 고난의 행진을 계속하기 위한 기금 마련 장으로 매년 서울대학교의 오월제와 10월 축제 기간에 열렸습니다.

성과와 의의

민가협장터는 기금 마련뿐만 아니라 학생, 시민과의 접촉을 넓히고 양심수 석방 활동을 알리는 또 다른 활동의 장이었습니다.

민가협장터는 양심수 가족들이 직접 현장에 나서서 절실함을 전하고, 평범한 시민들과 함께 공감하고 따뜻한 연대를 나누는 장이었습니다.

서울대 대동제 기간에 열리는 '양심수 석방 기금 마련 민가협 장터'에서 민가협·유가협 어머니들이 전을 부치고 있다(오른쪽부터 정치수배자 신동훈의 어머니, 유가협 회원, 이윤옥 민가협 회원)

[주요 일지]

- 1992.05. 양심수 석방 기금 마련 민가협 장터 시작
- 2002.05.12.-17. 민가협 장터 10년
- 2016.10. 민가협 장터 50회
- 2017.10.10.-12. 민가협 장터 25년
- 2018.09.18.-20. 민가협 마지막 장터

08 민주화운동 관련 보상법 제정 연대활동

2023년 4월 24일, 민주유공자법 제정 촉구 단식 지지 선언을 위한 통일광장과 민가협 공동기자회견. 유가협과 민주유공자법추진단에서 2021년 10월부터 민주유공자법 천막농성을 시작하였으나 국민의힘의 반대로 진전이 없자 민주유공자법 제정을 촉구하며 단식에 돌입했다. 이에 빠른 시일 내에 민주유공자법이 제정되어 단식농성이 끝나기 응원하며 지지 선언을 했다.

1987년 6월 민주항쟁을 계기로 민주화의 길이 열리면서, 민주화운동 과정에서 희생된 분들의 명예 회복과 진상규명, 그리고 그분들에 대한 예우를 위한 입법 논의가 진행되었습니다.

민가협은 1988년 8월 3일 '민족민주열사·희생자 명예회복과 의문사 진상규명을 위한 범국민추진위원회'에 참여하였고, 이후 12월 10일 '민주화운동 관련 유공자 명예회복 및 예우 등에 관한 법'을 상정하게 되었습니다. 이후 10여 년이 넘는 지난한 과정을 겪으며 2000년 1월 '민주화운동 관련자 명예회복 및 보상 등에 관한 법률'로 변경되어 공포되었습니다.

성과와 의의

국가가 과거 권위주의 통치 과정에서 발생한 국가 폭력의 희생자들에게 사과하고 책임을 인정함으로써 이들의 명예를 공식적으로 회복시킨 출발점이 되었습니다.

민주화운동 보상법은 과거사 청산의 출발이자, 이후 '과거사진상규명위원회', '진실화해위원회' 등 과거사 진상규명 기구 활동의 기반이 되었습니다.

[주요 일지]

- 1988.08.03. 민족민주열사·희생자 명예회복과 의문사 진상규명을 위한 범국민추진위원회 참여.
- 2023.04.24. 민주유공자법 제정 촉구 단식 지지 통일광장 민가협 기자회견
- 이후 지속적인 연대활동 전개

---

09 인권 강좌

제7회 민가협 인권 강좌에서 홍세화 씨가 강사로 참여해 어머니들과 이야기를 나누고 있다.

민가협의 인권 강좌는 2000년 5월에 시작해 2007년 11월까지 총 49회 진행되었습니다. 인권 강좌는 양심수와 국가보안법 문제뿐만 아니라 다양한 인권 의제, 시사성 있는 현안을 주제로 하여 시민, 활동가, 전문가 등이 참가하여 진행된 공개강좌였습니다.

주요 주제

- 제도 개혁 : 검찰 개혁, 호주제 폐지, 사회보호법 등 제도의 모순과 불평등에 관한 주제
- 사회적 약자 : 여성, 노동자 등 사회적 약자와 소수자에 대한 권리 보장과 평등 실현 문제
- 사회적 담론 : 사회적으로 시사성 높은 주제나 도서, 영화, 저자 초청 등 문화 담론적 접근

인권강좌를 듣고 · 2001년 8월 13일 정동 프란치스코 형제회 옥탑방에서!

"먼 데 있던 식구들을 다시 만난 기분입니다."

- 민가협 제15회 인권강좌 '재일 한국인 이철이 본 일본 사회'

유현미 · 민가협 자원활동가

이철 선생님. 1975년 재일교포 유학생으로 고려대를 다니던 중 '일본 유학생 간첩단사건'에 연루되었다. 처음에 사형 선고 받고, 좀 있다가 무기로 감형, 그 다음에 20년으로 감형. 실제로는 감옥에 들어간 지 13년만에 출옥하셨다. 그리고 뒤늦은 혼인식과 일본행. 일본으로 떠난 지 13년만인 올해 2001년 여름에 처음으로 다시 찾은 서울.

이철 선생님을 만나려고 정동 프란치스꼬 형제회로 가니, 늘 가던 2층 강의실 말고 6층 옥탑방에서 모인단다. 어머니들, 걸어 올라가려면 다리 아프시겠다. 비가 오락가락 하는 저녁, 유리창 밖으로 서울 시내가 내다보이는 조그맣고 아늑한 옥탑 방에서 큰 책상을 가운데 두고 알뜰하게 둘러앉았다. 이철 선생님, 인상이 선하시다. 고도리 순으로 모두 돌아가며 자기 소개부터.

"먼 데 있던 식구들을 다시 만나는 기분입니다." 임기란 어머니가 이철 선생님과 일본인 친구분 두 분을 맞으시며 하신 말씀. "나이 칠십이 넘었으니 그만 후퇴를 해야 되는데 이렇게 아직도 버티고 있습니다."라고 하시자 모인 사람 모두 웃음짓고. 김정숙 어머니가 아들 임종석 의원 얘기를 꺼내자 "아, 임종석 씨요? 이번에 나고야에서 만났습니다." 하고 이철 선생님이 반갑게 알은체 하시고.
남민전 사건으로 구속되어 이철 선생님과 감옥동지가 되신 황금수 선생님이 당신 소개보다도 "우리 위대한 민가협 어머님들, 전 세계에 이런 분들이 없습니다~."라며 어머님들에 대한 지극한 마음을 표현하자 임기란 어머님 "맨날 이렇게 우리를 비행기 태워요." 응수하시고.

2001년 8월 13일, 제15회 민가협 인권강좌에서 열린 "재일한국인 이철이 본 일본사회" 강연을 듣고, 우현미 민가협 자원활동가가 작성한 소감문이 『민주가족』 28호에 실렸다.

주요 강사

강사로는 법조인, 언론인, 연구자, 활동가 등이 초청되었고 김기중 변호사, 박경서 교수, 오연호 기자, 박래군 소장, 홍세화 저자, 유시민 평론가, 김해성 목사 등이 참여하였습니다.

성과와 의의

민가협의 인권 강좌는 단순한 인권 캠페인을 넘어 학습, 토론의 장을 마련함으로써 시민들의 인권 의식 확산에 기여했습니다. 자료집, 연구 기록물 등을 통해 후속 연구 기반을 제공하기도 했습니다.

2000년대 민가협 인권 강좌는 과거 인권침해에 대한 문제 제기를 넘어, 새로운 시대의 인권 문제를 다양한 주제로 폭넓게 다루며 공론화하는 데 많은 역할을 했습니다.

[주요 일지]

· 2000.05.29. 제1회 주민등록제도(지문날인제도의 문제) - 김기중 변호사
· 2000.06.28. 제2회 미국, 우리에게 무엇인가(한미행정협정의 문제) - 오연호 기자
· 2000.07.26. 제3회 국제 인권운동과 UN의 활용 방안 - 박경서 교수
· 2000.08.30. 제4회 국가인권기구 어떻게 만들 것인가 - 조용환 변호사
· 2000.09.27. 제5회 민주화운동 명예회복 보상법의 내용과 문제
- 박래군 인권운동사랑방 상임활동가
· 2000.10.25. 제6회 내가 경험한 미국의 시민사회운동 - 황인성
· 2000.11.22. 제7회 빠리의 택시운전사 홍세화와 민가협 어머니들의 대화 - 홍세화
· 2000.12. 제8회 검찰 출입 기자가 본 검찰의 현주소(국가인권기구를 중심으로)
- 김창석 기자
· 2001.01.31. 제9회 법 조항을 중심으로 살펴본 국가보안법의 문제
- 백승헌 변호사
· 2001.02.28. 제10회 국가보안법과 인권 - 차병직 변호사
· 2001.04.25. 제11회 주한미군 기지의 역사적 배경과 문제 그리고 반환운동
- 김용한 우리땅미군기지되찾기 공동대책위 집행위원장
· 2001.06.01. 제12회 부시정권의 대한반도 정책과 남북관계
- 정연주 한겨레신문 논설주간
· 2001.06.29. 제13회 파리망명객 이유진과 민가협 어머니의 만남 - 이유진
· 2001.07.25. 제14회 호주제, 무엇이 문제인가
- 이유명호 호주제폐지를위한 시민의 모임 운영위원
· 2001.08.13. 제15회 재일한국인 이철이 본 일본사회
- 이철(1975년 일본 유학생 간첩 사건 구속자)
· 2001.09.25. 제16회 오민의 감옥이야기 - 오민
· 2001.10.29. 제17회 여성과 인권 - 이숙경 서울시립대 여성학 강사
· 2001.11.28. 제18회 유시민의 세상읽기 - 유시민 시사평론가
· 2002.01.31. 제19회 국가인권위원회 어떻게 운영되나 - 남규선 민가협 총무
· 2002.02.07. 제20회 양심적 병역거부와 인권 - 한홍구 성공회대 교수
· 2002.06.20. 제21회 장애인 인권 - 박경석 노들장애인야간학교 교장
· 2002.07.11. 제22회 양심과 사상의 자유 그리고 국가보안법
- 조국 서울대 법대교수

· 2002.08.25. 제23회 군사주의와 인권 - 한홍구 성공회대 교수
· 2002.09.26. 제24회 행형법을 중심으로 본 감옥 인권 - 이상희 변호사
· 2002.10.31. 제25회 미군지위협정(SOFA)의 역사와 개정방향 - 이정희 변호사
· 2002.11.14. 제26회 외국인노동자 인권 - 김해성 목사(성남외국인노동자의집)
· 2003.01.23. 제27회 영화 경계도시(홍영숙 감독 작) 상영
· 2003.03.21. 제28회 이라크전쟁과 한반도 평화 - 정욱식 평화네트워크 대표
· 2003.04.23. 제29회 사회보호법 무엇이 문제인가
- 장유식 변호사(참여연대 협동사무처장)
· 2003.06.05. 제30회 병역거부 양심수들의 인권침해와 구제방안
- 오태양(양심적병역거부자, 전쟁없는 세상 활동가)
· 2003.06.25. 제31회 네이스문제를 중심으로 본 정보인권
- 장여경 진보넷 정책국장
· 2003.07.31. 제32회 보안관찰법, 무엇이 문제인가 - 송소연 민가협 총무
· 2003.08.31. 제33회 북핵 해법과 한반도 통일정세 - 강정구 동국대 교수
· 2003.10.30. 제34회 호주제와 가정의 민주화
- 고은광순 호주제폐지시민의모임 대표
· 2003.11.04. 제35회 국정원 개혁방향에 역행하는 테러방지법 - 장주영 변호사
· 2004.01.29. 제36회 집시법 개악안과 불복종 운동 - 박성희 민가협 간사
· 2004.03.11. 제37회 이주노동자 인권보장을 위한 정책
- 이란주 부천외국인노동자의집 정책국장
· 2004.04.08. 제38회 이라크 전쟁과 인권 - 이동화, 성혜란(한국이라크반전평화팀)
· 2005.06.02. 제41회 비정규직 노동자의 현황과 비정규직 법안의 쟁점
- 하종강 한울노동문제연구소장
· 2006.05.09. 제44회 비정규직 법안의 문제점과 입법배경
- 하종강 한울노동문제연구소장
· 2006.10.18. 제45회 우리사회에서 난민지위 인정의 의미와 구체적 방안
· 2007.11.27. 제49회 조작 의혹 간첩 사건의 진실규명과 새로운 과제
- 한홍구 성공회대 교수

10 국제 연대활동

1994년 6월 7일, 민가협과 재야단체 초청으로 '아르헨티나 5월 광장 어머니회' 회원들이 입국했나

민가협은 국내 활동을 넘어 국제앰네스티와 UN 인권위원회 등 국제사회와의 연대활동도 적극적으로 전개했습니다. 이는 한국의 양심수 석방운동과 인권 문제를 국제적으로 알리고 국제적 지지와 압력을 통해 독재정권에 맞서기 위한 중요한 전략이었습니다.

주요 국제 연대활동

· 국제앰네스티, UN 인권위원회 등 세계적인 인권 단체·기구들과 긴밀한 연대, 협력
· 한국의 양심수와 장기수 문제, 국가보안법 문제 등 인권 의제를 국제사회에 공론화
· 양심수와 인권유린 사례에 대한 실태 조사 자료를 국제사회에 제공하고 고발
· 유럽의회 주최 '양심수 청문회', UN 세계인권대회, UN 인권위원회 52차 회의 참가 등 해외 인권대회 참여
· 아르헨티나 '5월 광장 어머니회' 초청 심포지엄 및 연대 집회 개최 등 해외 양심수 가족과의 연대활동 강화

주요 참고 사항

1. 오스트리아 입국시 : 비자 필요 없으나, 초청장과 항공권은 개인 휴대 바람직.

2. 회의 장소, 시설, 교통

장소 주소 : AUSTRIA CENTER : A-1220 Wien, Am Hubertusdamm 6.
교통 : 공항에서 전철 U1 노선 타고 Kaisermuhlen/Vienna Internation Center 역에서 하차, 혹은
6. 10-14간은 공항에서 직행버스(shuttle service) 운행, 약 6달러.
** 도착 즉시 오스트리아 센타의 BIM 접수대를 찾아가 안내를 받을 것.

o NGO 병행 행사 장소
- Hall D : NGO 포럼시 극장식 1400석, 문화행사시 구조변경 600명 관람 가능.
- Hall G/H : 포럼시 200명용 두개로, 문화행사시 한 방으로 400명 수용.
- Hall I : 극장식 200명
- Hall K : 의회식 100명
- 그외 60-80명용 웍샵 방 2개, 30명용 2개, 20명용 1개, 40명용 야외 2곳.

- 각 홀에는 고정 비디오 상영기 있음. (VHS, PAL-S용)
- 그외 이동용 비디오(90cm 영사막)사영기, 슬라이드, 오버헤드 영사기 있음.
- Hall H 에는 필름 영사기가 설치될 예정.
〈 모든 전원 220 볼트 〉
- 통역 : 영어, 불어, 스페인어, 독어 제공됨.
- 회의시에는 5개 웍샵 모두에서, 문화행사시에는 2 팀의 통역 제공됨.
- 6월 13-25간에는 Hall I/K, G, H 에서만 동시통역 제공됨.
- 많은 신청으로 인해 한 단체당 하루의 병행행사 기회가 주어질 것으로 예상.

1993년 6월 10일, 유엔 세계인권대회 등 해외 연대활동에 참가한 이들에게 배부된 참가자 수첩으로, 주요 참고사항이 기재되어 있다.

성과와 의의

민가협의 국제 연대 활동은 한국의 인권 문제에 대한 국제사회의 지속적인 감시와 압력이 형성되도록 하는 데 중요한 역할을 하였습니다. 국제앰네스티를 비롯한 해외 인권 단체와의 교류를 통해 한국 민주화운동의 정당성이 국제사회에 각인되었고, 여러 나라 시민과 단체의 지지와 연대를 이루어냈습니다.

특히 한국의 장기수 실태를 국제사회에 알리고, 세계 최장기수로 알려진 김선명 선생의 사례를 집중적으로 알림으로써, 김선명 선생 석방을 요구하는 국제 여론과 압력이 형성되도록 하는 데 크게 기여했습니다. 이러한 국제 연대는 국내 인권운동의 정당성을 뒷받침하는 든든한 지지 기반이 되었습니다.

[주요 일지]

- 1992.02.10. 프랑스에서 열린 유럽의회 주최 '양심수 청문회' 참가
- 1993.06.10. 유엔 세계인권대회 참가(오스트리아 빈, 유엔 인권센터)
- 1994.06.07. 아르헨티나 '5월 광장 어머니회' 초청 심포지엄 및 연대 집회
- 1995.11.23. 전세계 인권운동가들과 함께하는 목요집회 주최
- 1996.03.19. 유엔 인권위원회 52차 회의 참가
- 1996.11. 유엔 고문방지위원회 고문보고서 제출 및 유엔 고문방지위원회 한국의 인권상황 심의회의 참가
- 1997.10.06.-13. '어머니의 보랏빛 수건' 일본 야마가타영화제 초청 참가

회상

민가협 40년, 보랏빛 서정

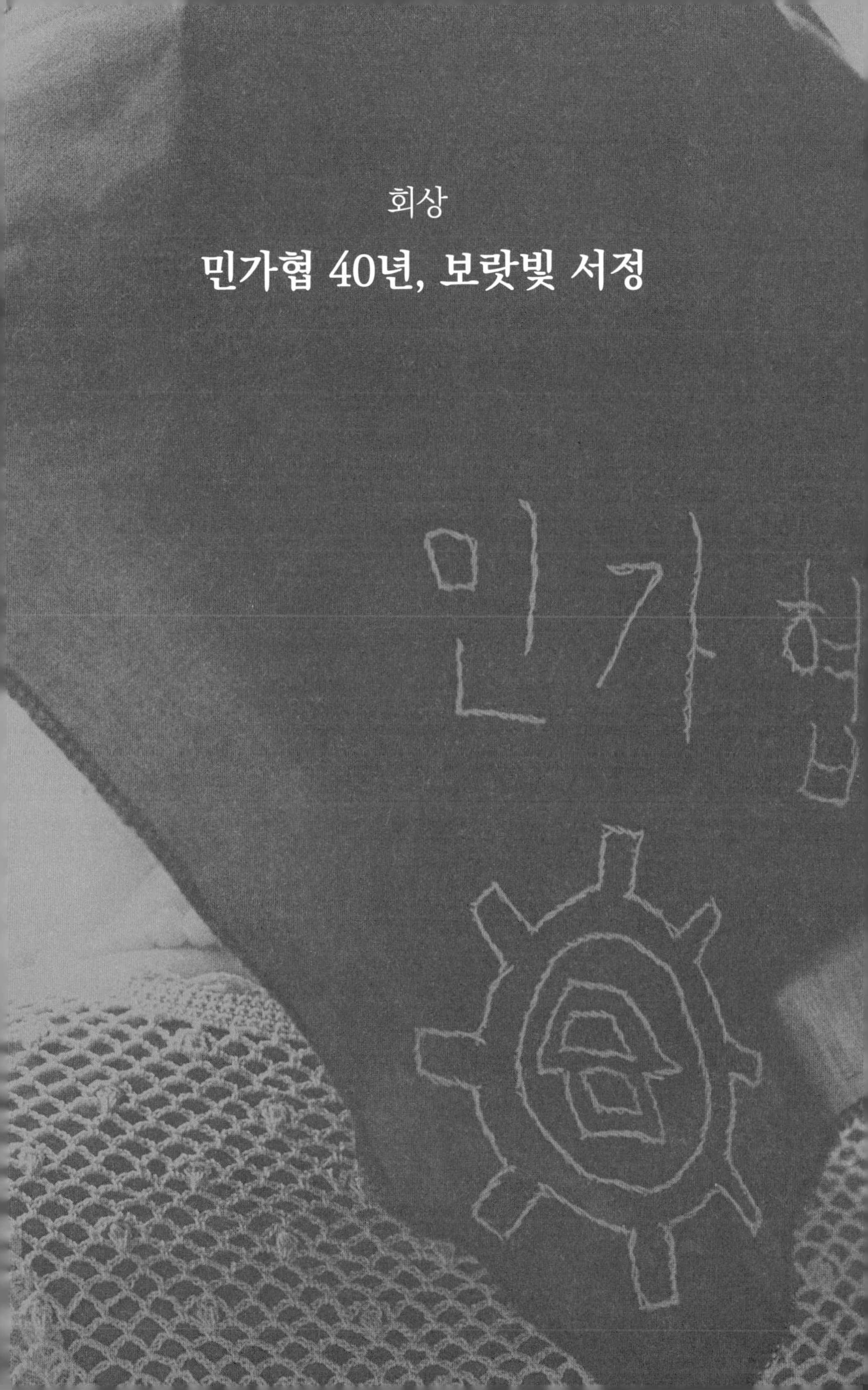

1987년 10월 23일, 기독교회관 강당에서 열린 민가협 제3차 정기총회 및 민주화탄압저지대회에서 민가협 회장이자 민통련 의장인 문익환 목사가 연설하고 있다.

1장

시간여행, 고난의 여정 40년

"사랑으로 버틴 눈물의 시간, 맨몸으로 맞선 사십 년.

민가협이 지나온 길 위엔, 고난을 거름 삼은 민주주의 꽃이 눈부시게 피었습니다."

1. 참 민가협다운 출범식

1985년 12월 12일, 현판식을 봉쇄하고 있는 경찰에 항의하며 길바닥에 앉아 있는 민가협 회원들

1985년 12월 12일, 구속자와 양심수 가족들이 중심이 되어 '민주화실천가족운동협의회(민가협)'가 출범했습니다.

군사독재 정권의 감시와 억압 속에서도 가족의 이름으로 연대의 깃발을 들었습니다.

당시 민가협은 별도의 사무실이 없어 서울 중구 삼각동 민청련 사무실 일부 공간을 임시로 빌려 현판식을 준비했습니다.

"책상 하나 놓고 현판식을 하려 했어요. 그게 우리 첫 출발이었지요."

— 당시 창립 관련 증언

그러나 현판식을 진행하려던 민가협 어머니들은 곧 경찰의 저지에 부딪혔습니다. 경찰은 '불법집회'라는 이유로 건물 출입구를 봉쇄하며 현판식을 막아섰고, 이에 항의하던 회원 20여 명은 현장에서 연행되어 중부경찰서로 끌려갔습니다.

민가협의 첫 공식 활동은 그렇게 군부독재 정권의 탄압과 가족들의 저항으로 시작되었습니다.

"현판식을 하려는 건물 입구를 경찰이 막았습니다. 항의하던 회원 20여 명이 중부서로 끌려갔어요."

— 민주화운동기념사업회 사진 아카이브 기록

비록 현판식은 끝내 이루어지지 못했지만, 그날의 시도는 민가협이 어떤 길을 걸어갈 것인지 보여준 상징적 사건이었습니다.

작은 책상 하나로 시작한 어머니들의 모임은 이후 민주화운동의 한 축으로 자리 잡으며, 억압과 감시 속에서도 '양심수 가족의 이름으로' 사회적 연대를 실천했습니다.

"현판은 못 걸었지만, 그날 우리 마음속엔 이미 이름이 새겨졌습니다."

— 초기 회원 회고

민가협 창립일이 1985년 12월 12일인 것은, 전두환 신군부 쿠데타가 자행된 1979년 12월 12일을 상징적으로 선택한 것이었습니다. 이는 군부독재를 몰아내고 민주화를 이루겠다는 의지를 담은 것이었습니다.

"민가협은 민주화운동가들을 옥바라지하는 후원단체가 아닙니다. 지금 구속되어 있는 양심수들을 석방시키기 위해서라도 민주화가 필요했지만, 민주화가 완성되지 않으면 아직은 어린 우리 자식들이 자라서 또 구속되고, 고문과 탄압을 받을 거라고도 생각합니다. 민가협은 처음부터 반독재 민주화운동 단체로 시작했기 때문에 단체 이름에도 '실천'이라는 말을 넣은 것입니다."

- 이경은(민가협 상근 간사)

민가협 40년 기록관 100인의 어머니 중에서(경향신문 백철 기자 2018.01.27.)

"한 개인의 석방을 애원하기보다는 민주화 대열에 함께 서는 것만이 고통받는 이들이 가족의 품으로 돌아오는 지름길이라 믿으며 민중 민주 민족 이념을 실현하기 위한 발전적 가족운동을 전개해 나가기 위해 민주화실천가족운동협의회를 발기하는 바이다."

- 민가협 이전 홈페이지 민가협 소개 중에서

20년전 민가협 홈페이지에 있던 민가협 20년 사진 중 하나로 "거리의 어머니가 되어"라는 제목이 있고 다음과 같은 글이 있었다.
<그렇게 민가협이 만들어진 뒤, 어머니들은 거리에서 감옥앞에서 경찰서 앞에서 경찰들과 몸싸움도 많이 했다. 금새 닭장차에 실려 인적 드문 곳에 버려지기를 수십차례. 지금도 그 후유증으로 시달리고 있는 분들이 많다.>

2. 매일 싸우는 어머니들

민가협 어머니들은 자식들이 끌려간 곳 어디든지 찾아가서 석방을 외쳤습니다. 민주화를 위한 집회·농성·시위 현장에는 늘 어머니들이 있었고, 어머니들 가방에는 유인물이 한 뭉치씩 들어 있었습니다. 시위 현장 맨 앞에는 항상 민가협 어머니들이 서 있었고, 뉘 집 자식들인지는 몰라도 시위 중 전투경찰에 끌려가는 학생들이 보이면 맨몸으로 끈질기게 구출해 냈습니다.

교도소에서 재소자 인권침해 사건이 발생하면 곧바로 달려가 교도소 앞 아스팔트에서 밤을 지새웠습니다. 안기부 대공분실 등 수사기관에서 고문과 가혹행위 사건이 일어나면 가장 먼저 달려가 항의하고 책임자 처벌과 재발 방지를 요구하며 농성을 이어갔습니다. 시국사건 재판이 열리는 날에는 재판을 방청하며 양심수 석방의 목소리를 높였습니다.

어머니들은 현장에서 최루탄에 속이 뒤집히고 닭장차에 실려 허허벌판에 버려지는 일을 수없이 겪었습니다. 민가협 어머니들은 경찰서, 교도소, 안기부 대공분실 등 시위와 농성 현장을 가리지 않고 맨몸으로 맞서 싸웠습니다.

"막 소리를 질렀어. 잡혀온 여학생 일곱 명 다 풀어줘야 조용하지, 난 조용히 안 할 거라고 혔어… '소장이 너만 풀어주고 다른 애들은 안 풀어준단다. 넌 거기서 싸우고 난 여기서 싸우자.'"

— 정순녀(민가협 회원), 인천교도소 앞 시위 경험 회고, 1990년대 초

출처 : 경향신문 커버스토리(여성 서사 구술 기획)

"전두환 백골부대가 팔을 잡아 뜯으면 하루 종일 팔이 어찌나 아프던지…. 내가 얼마나 돌아다녔으면 눈도 멀고, 이 몸뚱이가 다 이렇게 됐어. 우리 자식들은 교도소에서 진작에 나왔지. 지금은 손자들이 데모하고 있는데…."

— 정순녀(민가협 회원), 탑골공원 목요집회 현장 인터뷰, 2017년

출처 : 민중의소리

"성고문 범죄자를 비호하고 피해자를 재판하는 게 사법부냐!" "이 더러운 군사독재의 시녀들아!"

— 이중주(민가협 회원), 권인숙 사건 재판장에서 항의하며 발언

출처 : 민주화운동기념사업회 오픈아카이브

"아이구 다리야, 허리는 왜 또 이리…. 그래도 일어나 빨리 안기부 앞으로 가야지. 무지막지한 전경 방패 속을 헤집고 들어가야지. 그 방패에 찍히면 피가 나고 까무러치겠지만, 요놈들 오늘은 내가 더 야단을 쳐야지. 빨리 가자."

- 임기란 민가협 상임의장의 독백

참여연대 <참여사회>(1999.06.01.) 김소희 객원 기자

3. 1987년 민주항쟁의 시작을 알린 민가협

박종철 열사가 사망한 1987년은 군부독재 정권의 폭압이 정점에 달하던 시기였습니다. 당시 학생운동으로 3,400여 명의 양심수들이 구속되어 있었고, 민주세력이 요구해 온 '대통령 직선제 개헌'마저 제1야당인 신민당이 포기하려는 움직임이 보이던 때였습니다.

결국 민가협은 1987년 1월 6일 그해 첫 민주화 투쟁에 나섰습니다. 신민당사 농성을 통해 전두환 정권과 내각제 개헌으로 타협하려던 신민당 이민우 총재로부터 직선제 개헌 고수를 약속받았습니다.

이어 1월 16일 오후 5시, 민가협 회원을 비롯한 100여 명이 남영동 대공분실 앞에서 기습시위를 벌였습니다. 이는 박종철 열사의 고문치사 사건이 알려진 이후 이루어진 최초의 시위였습니다. 사흘 뒤인 1월 19일 내무부가 고문 사실을 일부 시인하자, 다음날 민가협 회원 등 100여 명이 서울대 정문 앞에서 "박종철 살려내라" "살인정권 군부독재 퇴진하라"는 플래카드를 들고 시위를 이어갔습니다.

1987년 7월 4일, 개운사에서 민주헌법쟁취 불교공동위원회와 민가협 공동주관으로 양심수 전원석방을 위한 기원법회가 열렸다. 참가자들이 개운사 밖으로 나와 시위를 벌이자 전경이 이를 막았고, 민가협 어머님이 전경에게 꽃을 달아 주었다.

민가협의 1987년 1월 투쟁은 '민주헌법 쟁취 국민운동본부' 결성의 도화선이 되었고, 마침내 6월 민주항쟁의 불씨를 지폈습니다. 6월 18일 〈최루탄 추방의 날〉에 민가협 회원들이 전경들에게 꽃을 달아주던 장면과 7월 9일 〈이한열 열사 민주국민장〉에서 삼베 두건을 쓰고 가장 선두에서 행진하던 민가협 어머니들의 모습은 오늘까지도 깊은 울림이 되어 전해지고 있습니다.

"최루탄 추방의 날이 열리기 전 민가협 사람들끼리 회의를 해서 평화를 상징하는 꽃을 미리 준비해서 전경들에게 달아주면 어떻겠느냐는 논의가 있었습니다."

- 이경은(민가협 상근 간사)

민가협 40년 기록관 100인의 어머니 중에서(경향신문 백철 기자 2018.01.27.)

"민가협 활동을 하면서 전경들을 참 많이 봤어요. 어머니들이 자식들을 위해서 싸우는 건데 전경들도 다 우리 자식뻘이고, 위에서 시키니까 밀어붙이는 걸 어머니들도 다 알고 있었지요."

- 정순녀(민가협 회원)

민가협 40년 기록관 100인의 어머니 중에서(경향신문 백철 기자 2018.01.27.)

"그때 기독교하고 정치권이 안 하려고 슬슬 빼는 거야. 그래서 내가 그걸 하게 하려고 아주 독기를 품고 난리를 쳤죠. 6월 26일 기념행사를 준비하는데 다른 사람들이 날짜를 미룰 수도 있다고 그러는 거예요. 내가 마이크를 딱 잡고 '그날을 미루면 안 된다, 굉장히 상징적인 날이다'라고 말했습니다."

- 인재근(민가협 총무)

민가협 40년 기록관 100인의 어머니 중에서(경향신문 백철 기자 2018.01.27.)

명동성당에서 민가협 회원들이 양심수 석방촉구 단식농성 중에 선전전을 하고 있다. 나무에 기대 울고, 면회하면서 울고, 절망과 분노로 울고, 그러다가 구치소에 모인 많은 대학생 부모들을 만나 서로 말하고 의지하니 점점 새 힘이 생겨 큰소리도 나오고 아들을 위한 지혜까지 생겨났다. 군부독재는 가장 온순한 어머니를 가장 열렬한 투사로 만들었다

4. 신조어의 탄생 '민가협 어머니'

민가협 어머니들은 강제 연행과 밀실에서 자행되는 가혹행위가 벌어진다는 소식이 들리면 누구보다 먼저 현장으로 달려갔습니다. 면회가 허용될 때까지 안기부 정문 앞에 라면상자를 깔고 며칠이고 밤을 새우며 버텼고, 밤샘 농성을 통해 자식들이 당하는 가혹행위를 조금이라도 막고자 했습니다. 이 과정에서 어머니들 자신도 전경들에게 두들겨 맞고 외딴곳에 버려지거나 심지어 구속되기도 했습니다.

자식들의 수감 소식이 전해지면 어머니들은 어김없이 교도소로 향했습니다. 1994년 군산교도소에서 처우개선을 요구하는 양심수들의 단식농성이 벌어졌을 때, 어머니들은 사흘 동안 거리에서 노숙하며 맞서 싸웠습니다. 매일 교도소 철문을 올라가 버티자, 마침내 교도소 측이 손을 들고 한발 물러섰습니다.

어머니들의 모성애가 동반된 몸을 사리지 않는 헌신적인 투쟁은 어느새 경찰서장, 교도소장이 가장 두려워하는 존재가 '민가협 어머니들'이 되었

고, '민가협 어머니들이 떴다'고 하면 기관마다 비상이 걸리고 책임자들이 노심초사했다는 일화가 이어졌습니다. 이렇게 시대의 신조어 '민가협 어머니'가 탄생했습니다.

"밤새 철창 잡고 흔들면서 '내 아들 내놓으라'고 악썼어."

"영등포교도소 앞에서 엄청 투쟁했어. 담장을 넘어서 들어가고… 결국 교도소장이 링거 꽂고 실려 갔다니까."

- 김순자(삼척 고정간첩단 피해가족, 민가협 회원)

프레시안, <'내 아들 내놓아라' 엄마들은 밤새 철창을 잡고 흔들어 댔다> (2021.12.11.)

"매일 구치소 마당에서 면회가 되기만을 기다렸습니다… 구치소 앞에 모여서 농성도 하게 되고."

- 임기란(민가협 상임의장) 프레시안 인터뷰,

<민가협 활동 20년에 이젠 할머니가 됐지요>(2021.12.11.)

"안기부에서 아무도 안 무서워하는데 민가협 엄마들은 무섭다고 소문이 났어. 103일 동안 낮에는 안기부에 항의 가고 밤에는 기독교회관에서 자면서 농성을 했거든요. 안기부 직원으로 보이는 남자를 붙잡고는 어머니들이 와이셔츠가 찢어질 정도로 그놈을 잡고 항의를 했어요."

— 김정숙(전 민가협 회장),

안기부 앞 103일 항의 농성 증언, 1990년대 경향신문 커버스토리(인터뷰 인용)

5. 고난과 희망의 상징, 보랏빛 스카프

1987년 7월 9일 열린 〈이한열 열사 민주국민장〉에서 민가협 어머니들은 행렬의 선두에 서서 삼베 수건을 머리에 동여매고 시청 앞까지 행진했습니다. 당시 삼베 수건은 말 그대로 상복을 대신하는 상징이었고, 이후 민주화 운동가들의 장례식에서도 반복적으로 사용되었습니다. 이후 민가협은 장례식 때마다 삼베 수건을 썼고, 이는 1987년 투쟁의 집단적 애도와 분노를 표출한 것이었습니다.

1990년대에 들어서면서 어머니들은 애도의 상징 삼베 두건 대신, 민주화운동의 긴 여정에서 '고난과 희망의 상징'으로 보라색 두건을 착용하기 시작했습니다. 특히 1993년부터 27년간 지속해 온 목요집회에서 어머니들이 보라색 두건을 쓰고 참석하면서, 보라색 스카프는 민가협 어머니들의 상징으로 자리 잡았습니다.

1994년 아르헨티나 '5월 광장 어머니회' 초청 교류에서는 5월 광장 어머니들의 흰 두건과 민가협 어머니들의 보라색 두건이 나란히 서며, '두건 쓴 어머니들'이라는 상징적 국제연대를 이루기도 했습니다.

아르헨티나의 단체 '5월광장어머니회' 회원들이 거리행진을 하고 있다. 그 뒤로는 유가협과 민가협 등 참가자들이 민족민주열사의 들고 행진하고 있다.

1987년 이한열 열사 장례식을 시작으로 집회와 시위 행렬은 두건 쓴 어머니들이 자신들을 지켜준다는 든든한 믿음 위에 나아갔습니다. 보랏빛 스카프는 그 믿음과 연대, 그리고 끝내 희망으로 나아간 사람들의 표식이 되었습니다.

"경찰서 유치장에 잡혀가서도 엄마들이 밤새 잠을 안 자고 '투사의 노래'를 불렀어요."

"경찰이 둘썩둘썩 들어서 훅 떠밀어 던져뿔고 가. 갑석이 엄마가 같이 갔다 내려오는데 차에서 던질 때 신발이 하나 벗겨졌나 봐. 이것들이 신발도 안 주워주고 그냥 던져버려서, 세상에 한쪽 신발을 신고 한쪽은 맨발로 걸어왔어."

"봉고차에 던져져 꼬리뼈가 부러졌어요. 앉지도 못하고 서지도 못하고 걷지도 못하고 죽을 지경이었어요. 울었어, 내가 막. 그때 길음동에 살았는데 이제 시장 올라가는데 울었어, 눈물이 나, 하도 아파 가지고."

- 김성한(민가협 회원)

출처 : 계간 <작가들> 이영재

"누가 인자 깃발 탁 들으면 모이라고 해서 탁 모였는데 막 최루탄을 쏘잖아요. 거기서 넘어져 가지고 여기가 다 다쳐버렸어요. 눈도 이쪽은 실명되고 이쪽만…. 어떤 학생이 나를 데리고서는 촛불 켜서 이렇게 대주더라고요. 이 눈은 좀 뵈는데 이거는 아주 안 보여요. 수술했어. 이 몸땡이도 거기서 다쳐서 걸음도 못 걸어요."

- 정순녀(민가협 회원)

출처 : 계간 <작가들> 이영재

"애들이 세상에 굴비 엮듯이 엮어서 줄줄 끌고 나와. 애들을 뭐 우째 때렸던 둥, 하얀 티를 입었는데 어떤 애들은 피투성이가 되고, 아이고 그걸 보이 어떻게 해요. 임기란 어머니가 애들 티를 사갖고 넣어 주라고. 우리

가 하얀 티를 몇 장인지도 몰라. 이만큼 사가지고 갈아입으라고 넣어 주고."

- 김성 (민가협 회원) 출처 : 계간 <작가들> 이영재

민가협 어머니들은 '양심수 석방'을 외치며 자신들의 몸을 포승줄처럼 연결했다. 이는 가족을 잃거나 빼앗긴 이들이 감옥을 일상처럼 감내해야 했던 현실을 사회에 고발하는 상징적 행진이었다.

2004년 10월 16일, 서울 탑골공원 삼일문앞에서 열린 1,000회 양심수 석방과 국가보안법 폐지를 위한 목요집회 목요집회에서 참가자들이 풍선을 들고 있다.

6. 인권운동의 모범, 목요십회

1993년부터 2020년까지 27년간 총 1,257회 이어진 목요집회는 민가협과 한국 인권운동을 대표하는 상징적인 집회였습니다. 비가 오나 눈이 오나, 항상 민가협 어머니들이 보라색 두건을 머리에 쓰고 같은 시간, 같은 자리에서 양심수 석방과 국가보안법 철폐, 인권침해 책임을 묻는 목소리를 냈습니다.

생활의 무게를 이고서도 한 주도 거르지 않으려 애쓴 어머니들의 꾸준함과 헌신적 노력은 한국 민주주의와 인권운동의 살아있는 학교가 되었습니다.

암환자 아들을 살려달라는 구순의 고봉희 할머니에서부터 엄마, 아빠를 감옥에 빼앗기고도 천진난만한 웃음을 짓던 5살 한솔아까지 참으로 많은 인권피해자들의 절규와 호소, 그리고 눈물로 만들어온 집회입니다. 우리는 이 집회를 통해 수십 년 동안 잊혀진 초장기수들을 알려냈고, 그 존재

자체를 부정해온 권력이 양.심.수. 라는 세 글자를 인정하도록 만들었으며, 수십 년 동안 헤어졌던 어머니와 아들, 아버지와 딸, 아내와 남편의 만남을 이루어내기도 했습니다. 600회를 넘어서는 '목요집회'가 양심수 문제에만 그치지 않고 이주노동자, 철거민, 장애인, 양심에 따른 병역거부자 등 사회적 약자들의 목소리를 전하면서 그 품을 넓히고 있습니다. 목요집회는 국가보안법이 폐지되고 인권이 실현되는 그날까지 계속될 것입니다.

- 2006년 1월 3일 600회 목요집회 자료 중에서

"1993년 9월에 시작할 때 가을까지만, 겨울까지만 하면 될 거라고 생각했지요."

"남북이 손을 맞잡고 흔들던 2000년에도 기대했고, 노무현 대통령이 '국가보안법이라는 녹슨 칼은 칼집에 넣어야 한다'라고 말했을 때 이제 국가보안법이 폐지되고 가족들이 모두 세상으로 나올 수 있을 거라 믿었지요."

- 이영(민가협 전 상임의장)

한국 - 아르헨티나의 고난받는 어머니들이 함께 부르는 희망의 노래

지구의 양 끝 한국과 아르헨티나에서 매주 목요일 하얀 머릿수건과 보라색 수건의 행렬을 이어온 어머니들. 1994년 6월 9일 열린 39회 목요집회에서 피와 눈물과 땀의 역사를 딛고 감격적인 만남을 이루었다.

"평화를 위해 싸우는 사람들은 모두 내 자식이며 우리 공동의 아들, 딸입니다. 우리의 만남은 이제 너와 나, 우리의 아이들을 함께 지켜나가자는 약속입니다. 그동안의 고통을 넘어 자식들이 들었던 깃발을 높이 들고 힘차게 전진할 것입니다." 〈공동 선언문 중에서〉

- 한겨레 1994.06.10.

〉세계 최장기수 김선명을 석방하라!

“25살에 체포되어 아내도 자식도 있을 수 없는 김선명은 그의 가장 따뜻한 기억, 이제 구순이 넘은 어머니를 살아서 만나고픈 소명을 가지고 있습니다. 일흔의 김선명 노인은 독방에서 울고 있습니다…. 일흔의 아들, 구순의 어머니는 꼭 살아서 만나야 합니다. 그것은 한 인간을 40여년 동안 가두어둔 우리가 우리의 양심을 회복하는 일이기도 합니다. 또한 그것은 우리의 뼈아픈 현대사, 분단 50년의 아픔을 조금이라도 어루만지는 일입니다.”

- 1994년 12월 29일 68회 목요집회 보도자료 중에서

이 어머니와 아들은 만나야 한다.

매주 목요일 오후 2시 종로 탑골공원 앞. 보랏빛 수건의 어머니들 가운데 유난히 연로해 보이는 분이 있다. 올해로 구순인 고봉희 어머니. 매주 목요일이면 발걸음조차 떼기 어려운 몸을 이끌고 성남에서 버스를 타고 온다. 어머니는 제일 먼저 아들의 사진부터 찾는다. 몇 번이고 사진을 쓰다듬고는 천천히 머리에 보랏빛 수건을 맨다. 이 집회에서 아들을 그리워하며 밤새워 썼을 것 같은 편지를 낭송하기도 하고, 다리가 아파 주저앉아서도 아들의 사진을 안고 있기도 했다. 이 어머니의 아들, 신인영씨(70세)는 31년째 차가운 독방에 갇혀있다. 1967년 국가보안법 위반으로 구속된 아들을 30년이 넘도록 기다려온 어머니. ‘아들에게 따뜻한 밥 한 그릇 지어 먹일 날’만을 기다리며 살아온 어머니에게 최근 그 숱한 기다림보다 더한 시련이 닥쳤다. 아들 신인영씨가 골수암 진단을 받은 것이다. 어떤 이념도, 어떤 형벌도 생명의 고귀함 앞에 우선할 수는 없다. 이 어머니와 아들은 반드시 살아서 만나야 한다.

- 1998년 1월 15일 신인영 석방을 위한 목요집회 보도자료 중에서

“이번 8.15에 179명의 양심수와 200여 명의 수배자가 자유를 찾을 수 있는 건가요?”

"양심수 석방을 외면하는 대통령은 이제, 인권대통령이길 포기하셨는지요?"

- 2001년 8월 9일 389회 집회 보도자료 중에서

"민가협의 투쟁과 활동을 격려하기 위해 이 자리에 섰습니다. 여러분의 헌신적인 투쟁을 국제사회의 인권을 위해 투쟁하는 모든 사람들이 자랑스럽게 생각할 것입니다."

당시 최장기수였던 우용각씨의 사진을 들고 목요집회에 함께한 피에르 사네 국제앰네스티 사무총장은 비전향장기수 석방을 촉구했다.

- 1998년 9월 10일 245회 목요집회 자료 중에서

비전향장기수 마지막 목요집회

감옥에서 풀려난 이후 자신들의 석방을 그토록 외쳐왔던 목요집회에 참가해 보랏빛 수건을 목에 두르고 탑골공원 앞을 지켜온 비전향장기수들이 송환을 앞둔 2000년 8월 어머니들과 마지막 인사를 나누고 있다. 그해 10월 평양을 방문한 민가협 대표단을 만난 이들은 목요집회를 기억하며 "내 자리 하나 꼭 남겨두오"라고 전해왔다.

- 2000년 8월 24일 343회 목요집회 자료 중에서

"산타할아버지, 제가 제일로 받고 싶은 선물은 바로 우리 아빠예요!"

- 1998년 12월 25일 260회 목요집회 자료 중에서

"새해엔 양심수에게 자유를!"

- 2012년 12월 31일 1,056회 목요집회 자료 중에서

900차 목요집회에서 참가자들이 양심수 피켓을 들고 양심수 석방과 국가보안법 철폐를 요구하고 있다.

7. 구속자 가족에서 인권 운동가로

구속자 가족으로 모인 가족운동 단체 민가협은 민주화운동 과정에서 한국 인권운동을 대표하는 상징적 조직으로 성장했습니다.

민가협의 지난한 여정은 자식들의 구속에서 비롯된 어머니들의 모성애와 헌신이 시대정신과 결합하여, 가족의 울타리를 넘어 사회 변화를 이끄는 한국 사회 인권운동의 강력한 조직으로 변화 발전했음을 보여줍니다.

"딸의 학생운동을 말리기 위해 용하다는 무당을 찾아 굿을 하기도 했어요. 나 굿 하다가 돈 다 내비렸어. 이제 굿이라는 건 내 쳐다도 안 봐. 그때 배웠어."

- 故 정순녀(민가협 회원) 출처 : 계간 <작가들> 이영재

아들 행방을 찾으러 서울의 경찰서란 경찰서는 다 뒤졌다. 망연자실해 있는데 큰아들이 어머니들이 모여서 항의하는 곳이 있다고 알려주자 무작정 수소문해서 간 곳이 남산 안기부 앞이었다. "여 없으면 어데로 갔노?

당신들이 데리고 있던 사람 어디 간 걸 어이 모르나? 말도 안 되는 소리를 한다고 내 막 대들어 싸웠다." 그렇게 민가협 어머니가 되었다.

- 김성한(민가협 회원) 출처 : 계간 <작가들> 이영재

아들이 알려준 대로 직접 민가협을 찾았다. "거기 가니까 좋더라고요. 막, 서로 똑같은 말하고."

어머니들은 한창 시국이 심각할 때는 밖에서 입던 옷을 그대로 입고 쪽잠을 잤다. "잠옷을 입고 편히 잘 수가 없어요. 언제 나갈지 모르니까."

- 김정숙(민가협 전 상임의장) 출처 : 계간 <작가들> 이영재

"김종태 열사 어머니하고 그 송광영 열사 어머니하고는 완전히 내가 놀랬다니까요. 막 문 열으라면서 신발을 벗어갖고 그 철문을 막 뚜드리고 웅인승이 어따 잡아서 죽여놨냐고 막 그래. 내가 가만히 서 있으니께 뭔 엄마가 저러냐고…. 어머니들이 진짜 얼마나 든든한 힘이 됐는가 몰라요, 진짜."

- 이영(민가협 회원) 출처 : 계간 <작가들> 이영재

민가협 어머니들은 "모든 양심수가 석방되고 민가협이 더 이상 할 일이 없어져 간판을 내리는 날"을 간절히 소망했습니다. 그럼에도 자식들이 진작에 석방되고 손주까지 본 나이에도 민가협을 떠나지 않고 활동하고 계신 어머니들을 볼 때, 민가협이 가족운동 단체를 넘어 이미 인권운동 단체로 우뚝 서 있음을 알 수 있습니다.

"지금까지 민가협은 양심수를 석방시키고 재소자의 인권을 높이는 데 주력했습니다. 특히 정치범뿐만 아니라 일반재소자, 교도관 등을 포함한 감옥의 현실을 변화시키는 데 큰 몫을 했다고 자부합니다. 모두 양심수 문제를 고리로 민주화 영역을 넓혀온 것입니다. 민가협은 앞으로도 양심수 석방을 우선 과제로 할 것입니다. 그리고 다시는 양심수가 생기지 않도록

예방하기 위해 국가보안법을 해체하고 국가인권위원회를 설립하라고 요구할 것입니다."

"양심수 석방을 위한 노력에 그치지 않고 인권 침해 관행과 법 제도를 개선해 인권을 중시하는 문화를 만드는 것이 민가협의 과제예요."

- 남규선(민가협 총무) 참여연대 <참여사회>(1999.06.01.) 김소희 객원 기자

"언젠가 아들이 '엄마 이제는 누구 엄마 하지 말고 인권운동가 하시오' 그래. 그때서야 아, 내가 인권운동을 해온 거구나 싶었지. 굉장히 많은 사람들이 감옥에 가고 죽고 해서 매일 농성하고 거리에서 싸우던 때는 아침부터 밤까지 그저 자식들 구하고 매 맞지 않게 뛰어다닌 거지, 이것이 인권운동인가 어떤 운동을 해야 하나 따위를 생각할 겨를조차 없었어요."

- 김정숙(민가협 전 상임의장) 참여연대 <참여사회>(1999.06.01.) 김소희 객원 기자

"우리 어머니들은 탁상공론의 자리가 아니고 울부짖고 거리에 나뒹굴면서 인권운동을 배웠어요. 어떤 변호사나 전문가 못지않은 인권운동가이죠. 그러나 지금도 우리의 천업은 그게 아냐, 어머니지. 우리는 이제 집으로 가야지. 어머니들이 나서게 된 거 억압된 시대 상황이 만든 산물이잖아. 그런 거 빨리 사라져야지."

"이제는 우리 소원이 애들하고 똑같아. 양심수 석방되고 악법 없어지고 자주통일되고 민주주의 완성되는 거…."

- 임기란(민가협 전 상임의장) 참여연대 <참여사회>(1999.06.01.) 김소희 객원 기자

8. 그 밖의 이야기

고문 경관 이근안 현상수배, 재판 및 안기부에서 103일 항의 시위

"이근안을 체포하는 것은 개인에 대한 복수가 아니라 우리 사회를 고문 없는 사회, 사람이 사람 대접받는 사회, 정의가 실현되는 사회를 만들기 위한 것이다."

- 1989년 2월 21일 민가협의 이근안 현상수배 기자회견문 중에서

"아니 그러니까 이근안이 저 재판하는데 가서 이근안이 그 재판장에 들어간 데를 막고 있으니까 못 들어가고 우리는 어디로 갔는지 몰랐는데, 어디 지하로 어디로 가서 들어갔다 하더라고요. 거기 가서 뭘 갖다 땡기고(던지고), 뭐 계란도 땡기고 막 뭔 물병도 땡기고…."

"그 103일 동안을 안기부 가서 저녁에는 들어가고 낮에는 나오고 그래서 거기서 진짜 고생했어요. 그 안기부에 올라갈라면 이렇게 경찰들이 싹 요렇게 막고 뒤에는 좀 늙은 놈들이 서고 젊은 애들 세우고 그러잖아요. 아니 근데 내가 뒤에서 보니까는 이 채은아(민가협 전 총무)가 얼른 뛰어서 넘을라고, 넘을라고 하다 못 넘더라고요. 아 그러니까 이제 밑으로 들어갈려고 이렇게 하니까는 어떤 경찰이 어떤 놈인지 머리를 막 끌러는데 내 느낌에 머리가 쏙 빠져버릴 것 같아. 아 그런데 은아를 뺏다가 이놈이 나를 (워커발로) 차분거여. 너는 떨어져라 식이었죠. 그래 갖고 내가 뚝 떨어져 갖고 기절을 해브러서 병원에까지 실어가도 몰랐다니까요."

- 김정숙(전 민가협 전 상임의장)

비전향장기수를 위한 투쟁

민가협은 1970년대만 해도 '사상범'이라는 이유로 낙인찍히고 소외되었던 용공·간첩단 사건 구속자와 그 가족까지도 회원으로 받아들였습니다. 나아가 '양심수후원회'라는 별도의 기구를 만들어 이들을 지원하고 석방 운동을 전개했습니다. 이 과정을 통해 비전향장기수의 인권 회복과 사회 복귀 및 송환까지 책임 있는 활동을 하였습니다.

"이른바 장기복역 양심수라는 공안사범의 숫자는 현재 260여 명으로 파악되고 있다. 이들이 조작된 간첩의 경우, 구속 과정에서 극심한 고문이 수반되었음은 말할 필요조차 없다. 일단 간첩으로 조작되면 이들에게 남는 희망은 무엇일까? 장기복역 양심수 중 10년 이상 복역자는 반수를 넘는 190명이며, 20년 이상 복역자가 70~80명이나 된다. 또 30년 이상 복역한 사람도 50여 명에 이른다. 일반 형사범의 경우 무기수라 해도 15~16년 복역하면 석방되는 것이 관례인데, 단지 그들이 간직하고 있는 신념과 사상만을 이유로 20년 이상 가두어 놓는다는 것은 법률 운용의 형평에도 어긋난다."

- 장기복역 양심수의 실태 보고서 일부 1989

"사회에서 면회 오는 게 우리가 처음이라고, 우리 같은 엄마들이 오는 건 처음이라고 그러시면서 선생님이 우시는 거야."

- 김성한(민가협 회원) 출처 : 계간 <작가들> 이영재

양심수를 위한 시와 노래의 밤

김종서, 넥스트, 윤도현, 한영애, 류금신, 정태춘…

'양심수를 위한 시와 노래의 밤' 화려한 출연진 10일 공연

10일 세계인권선언일과 12일 민주화실천가족운동협의회(이하 민가협) 창립 10주년을 기념하는 일곱 번째 '양심수를 위한 시와 노래의 밤' 행사가 10일 오후 5시 한양대 올림픽체육관에서 열린다. 이 공연은 전국 33개 교도소에 수감 중인 양심수 4백여 명의 석방을 촉구하고 이들의 인권문제를 여론화하기 위해 민가협이 해마다 여는 행사다.

이번 공연에는 록가수들이 대거 참여한다. 최근 〈플라스틱 신드롬〉으로 인기를 얻은 김종서, 신해철이 이끄는 록그룹 넥스트, 김민기의 록오페라 〈개똥이〉와 노래 〈타잔〉의 주인공인 윤도현, 블루스풍의 록음악을 들려주는 한영애, 새 앨범에서 록으로의 변화를 시도한 안치환 등이 무대에 선다.

2004년 12월 4일, 한양대학교에서 열린 열여섯 번째 "양심수를 위한 시와 노래의 밤"에서 촛불을 들고 있는 임기란 어머니와 발언 중인 조순덕 어머니

그리고 정태춘, 박은옥, 권진원, 류금신, 백창우, 노래마을, 새하늘새땅, 원창연 등이 참여해 출연진의 화려함을 과시한다. 안치환, 백창우, 류형선 등은 새 곡을 이 무대에서 처음 선보인다. 윤민석 등이 함께 지은 곡 〈양심수가 없는 나라〉는 출연자 전원이 나와 합창으로 들려준다.

음악 공연 외에 고은, 도종환 시인이 이 공연을 위해 지은 시 〈민가협 10년에 부쳐〉와 〈민가협〉이 행사 중 낭독된다. 또 이 행사를 위해 국제앰네스티의 로스 다니엘스 집행위원장이 비디오 특별 메시지를, 아르헨티나 5월 광장 어머니회, 로버트 케네디 인권센터, 아시아 워치 등 여러 인권단체들이 연대의 메시지를 보내왔다.

- 1995년 12월 8일 한겨레

'양심수를 위한 시와 노래의 밤'이 이제 10돌을 맞는다. 세계인권선언 50주년 기념일 이틀 뒤인 12일 오후 6시 장충체육관. 정태춘 박은옥 김종서 김창완 전인권씨, 그룹 사랑과평화 안치환과자유 자우림 꽃다지 조국과청춘 가극단 금강과 배우 문성근 명계남 원창연씨, 올해 석방된 시인 박노해씨 등 다양한 장르의 예술가들이 들려주는 노래와 극과 시에서 우리는 양심수문제를 만나게 된다.

- 1998년 12월 10일 한겨레

민가협장터

양심수 석방 기금 마련을 위한 민가협장터 안내

우리는 지난 10월 7일, 300회 목요집회를 맞아 감옥에 있는 모든 양심수가 자유를 찾고 양심수를 양산하는 국가보안법이 사라지는 그날까지, 이 땅의 인권 실현을 위해 고난의 행진을 계속할 것을 결의했습니다. 이러한 활동을 위해 기금 마련을 위해 해마다 봄, 가을 서울대 대동제 기간 중에 해왔던 장터가 올 가을에도 열립니다.

민가협장터는 일반적인 먹거리 장터가 아닙니다. '어머니들의 정성과 손맛에 민주주의와 통일의 열정이 함께 묻어나는 어떤 호화로운 음식보다도 값진 먹거리 장터'인 것입니다. 회원 여러분들이 적극적인 참여만이 풍성한 장터를 만들 수 있을 것입니다. 한 분도 빠짐없이 참여하여 마음껏 기량을 발휘하시기 바랍니다.

- 1999.10. 민가협 후원회 소식 중에서

2000년 봄 장터

"채은아 간사의 공석, 작년의 수해로 인한 피해, 회장님의 건강 악화 등 여러 가지 이유로 인해 긴장을 늦출 수 없었고 비 오기 전에 팔아야 한다는 일념으로 일찍 장사를 시작했다."

"첫날 경동시장에서 구입한 재료는 이틀이 지나자 바닥을 드러내기 시작했다. 아마도 비 올 것을 감안한 양이었던 것 같다. 삼일째가 되는 날부터 거의 매일 채소나 야채, 양념 등을 새로 구입해야 했다."

"황혜로 어머니의 도움으로 가락시장을 통해 배달비도 들이지 않고 싱싱한 채소와 고추장 등을 경동시장보다 훨씬 싼 가격에 구입할 수 있었던 것이 매우 큰 이익이라 생각된다."

"장터를 겨냥해 제작한 선전물은 거의 없다…. 현장에서 부라부라(임은희 대학원생이 재료를 구해줌) 만들어야 했다. 민가협장터라는 특색을 나

2015년 5월 18일, 서울대학교에서 진행된 민가협장터에서 조순덕 어머니가 음식을 준비하고 있다.

타낼 수 있는 작은 소품들을 천막에 설치하거나 메뉴판도 미리 내용을 담아 만들었으면 좋겠다."

- 2000.05.25. 민가협장터 평가 자료 중에서

2006년 5월 9일, 44회 민가협 인권강좌, "비정규직 법안의 문제점과 입법배경"를 주제로 하종강 노동 상담사가 강의를 했다. 하종강은 오랜 시간 노동상담을 진행했다. 한울노동문제연구소 소장, 한겨레신문 객원논설위원, 인천대학교 강사, 한국노동교육원 객원교수 등을 맡고 있다.

인권 강좌

민가협 제15회 인권강좌 '재일 한국인 이철이 본 일본 사회'

"먼 데 있던 식구들을 다시 만난 기분입니다."

"이철 선생님. 1975년 재일교포 유학생으로 고려대를 다니던 중 '재일동포 유학생 간첩단 사건'에 연루되었다. 처음에 사형 선고를 받았고, 좀 있다가 무기로 감형, 그 다음에 20년으로 감형. 실제로는 감옥에 들어간 지 13년 만에 출옥하셨다. 그리고 뒤늦은 혼인식과 일본행. 일본으로 떠난 지 13년만인 올해 2001년 여름에 처음으로 다시 찾은 서울."

"나는 이철 선생님을 잘 모른다. 하지만 선생님은 잠깐이나마 만나 뵙고 선생님이 살아냈던 시절에 대해 조금 더 알게 되었다. 그리고 지금은 그때보다 많이 나아졌다는 믿음, 그 차이를 만들어 준 이철 선생님과 이철 선생님 같은 많은 분들을 떠올려 본다. 내가 살고 있고, 또 만들어 가야 할 세상에 대해서도. 오늘 강좌 주제였던 '재일 한국인 이철이 본 일본 사회'에 대해서는 다음번에 또 어머니를 모시고 자세히 듣기로 하자. 2차, 3차까지 가면서 말이지."

- 유현미(민가협 자원활동가)

2001년 8월 13일 정동 프란치스코 형제회 옥탑방에서. <민주가족 28호>

2005년 민가협 인권강좌 기획안

1. 민가협 회원 교육

- 어머니들 포함, 관심있는 학생들, 일반인 대상이 인권교육 강의
- 인권 이슈들에 대한 이해 촉진, 인권 감수성 개발
  한국 난민법 실태와 문세섬, 사형제 폐지, 사법개혁, 북한 핵 논의와 남북관계 그리고 미국

2. 민가협 20년 경험으로 일구는 인권운동 텃밭 : 각 대학, 고교 등을 섭외해 민가협 어머니 특강

- 민가협 운동 20년, 평범한 어머니에서 인권활동가로 20년(임기란/서경순/김정숙)

3. 우리 사회를 바꾸는 여성들을 찾아서

4. 한국사회를 살펴본다

- 사회 전반의 실질적인 민주화 차원에서 새롭게 대두되는 사안들을 젊은 연구자들 통해 들여다 본다.
- 에너지와 민주주의

5. 우리가 만드는 인권강좌

- 자기정보 보호권
- 내 몸의 평화가 사회의 민주주의를 부른다.
- 2005년. 민가협 인권강좌 기획안 중에서

국가보안법 철폐와 양심수 석방을 위한 목요집회에서 “감옥에서 온 편지”를 한글자씩 되어 있는 피켓을 들고, 그 위에 ‘감옥에서 온 편지’를 붙였다.

2장

담벼락을 넘나든 사랑

차가운 담벼락도 편지 한 장의 온기를 막지 못했습니다.

눈물과 숨결이 글씨마다 스며들어,

서로의 마음은 늘 담장 너머에서 만나곤 했습니다.

감옥에서 온 편지

어머님들께

안녕하신지요. 저는 어머님들의 관심과 격려에 늘 감사하며 잘 지내고 있습니다. (…)

민가협은 요즘 양심수를 위한 시와 노래의 밤 공연 준비와 양심수 석방운동으로 눈고 뜰새 없이 바쁘시다는 소식을 듣습니다. 통일이 되기 전에는 어쩌면 이 싸움이 우리 어머님들의 숙명인지도 모르겠다는 생각이 듭니다. (…)

날씨가 춥습니다. 저희들은 편히 지내고 있는데 어머님들은 차가운 거리에 나서고 있는 이 기막힌 시대가 빨리 끝나야 할 텐데요.

새해에는 모든 어머니들과 모든 양심수들이 함께 모여서 양심수 전원석방을 축하하는 공연을 열었으면 좋겠습니다. 모두들 건강하세요.

- 서울구치소에서 권오혁 올립니다.

선생님께.

먼발치서 본 무등산이 곱습니다. …

이제 다만 스스로 욕되지 않게 스스로 상함 없길 바라면서 작은 소망 하나 마음에 담아봅니다. 영어의 몸으로 묶여있는 동안 36년, 음으로 양으로 은혜를 베풀어주신 고마운 분들을 향한 제 마음, 구겨지지 않게 녹슬지 않게 해주십사 하는 것입니다.

제가 당하고 겪었던 고난을 더 아프게 앓아주신 어머니들, 후원회원들이 계셨고 그들의 인도가 있었기에 오늘 이만큼이나 생각을 더듬어 살려내고 고마움을 새기면서 내일까지를 약속할 수 있게 되었습니다.

선생님, 지금까지 여러분들이 베풀어주신 은혜 저희 모두는 가슴으로 받아 따스함으로 길러내고 있습니다. 동포애와 나라사랑의 거창한 말씀이

나 몸짓 없이 음지를 밝혀주시고 몸소 실천의 일선에서 저희 얼어있는 몸을 녹여주시고 있음을 알고 있습니다. 언제일지 뵈옵는 날, 기약하고 싶습니다.

- 광주 감옥에서 삼가 양희철 드림

눈물겹도록 눈부신 나의 사랑에게

오늘이 19일이니까 정확히 한 달이 지나면 3년 만에 당신과 내가 같은 방식을 통해 같은 아쉬움을 가지고 편지를 나누게 됩니다. 하지만 그 안타까움과 그리움의 정도란 이전과 비교할 수가 없이 절실하군요. 시도 때도 없이 밀려드는 그리움을 제 작은 가슴으로는 주체하기 힘들 지경입니다. 또한 우리 아기에게 매일 아빠 이야기를 전할 때면 대책 없이 치밀어오르는 울음을 삼키기 위해 숨을 정지해야 합니다. 당신과 우리 아기를 생각할 때마다 모든 것이 희망스러우면서도 한편 모든 것이 실제보다 힘들어지기도 합니다. 나는 둘째치고 당신을 오랜 기간 너무 지치게 만들어 뭐라 할 말이 없습니다. (…)

- 1995년 12월 19일 당신의 사랑 얼이가

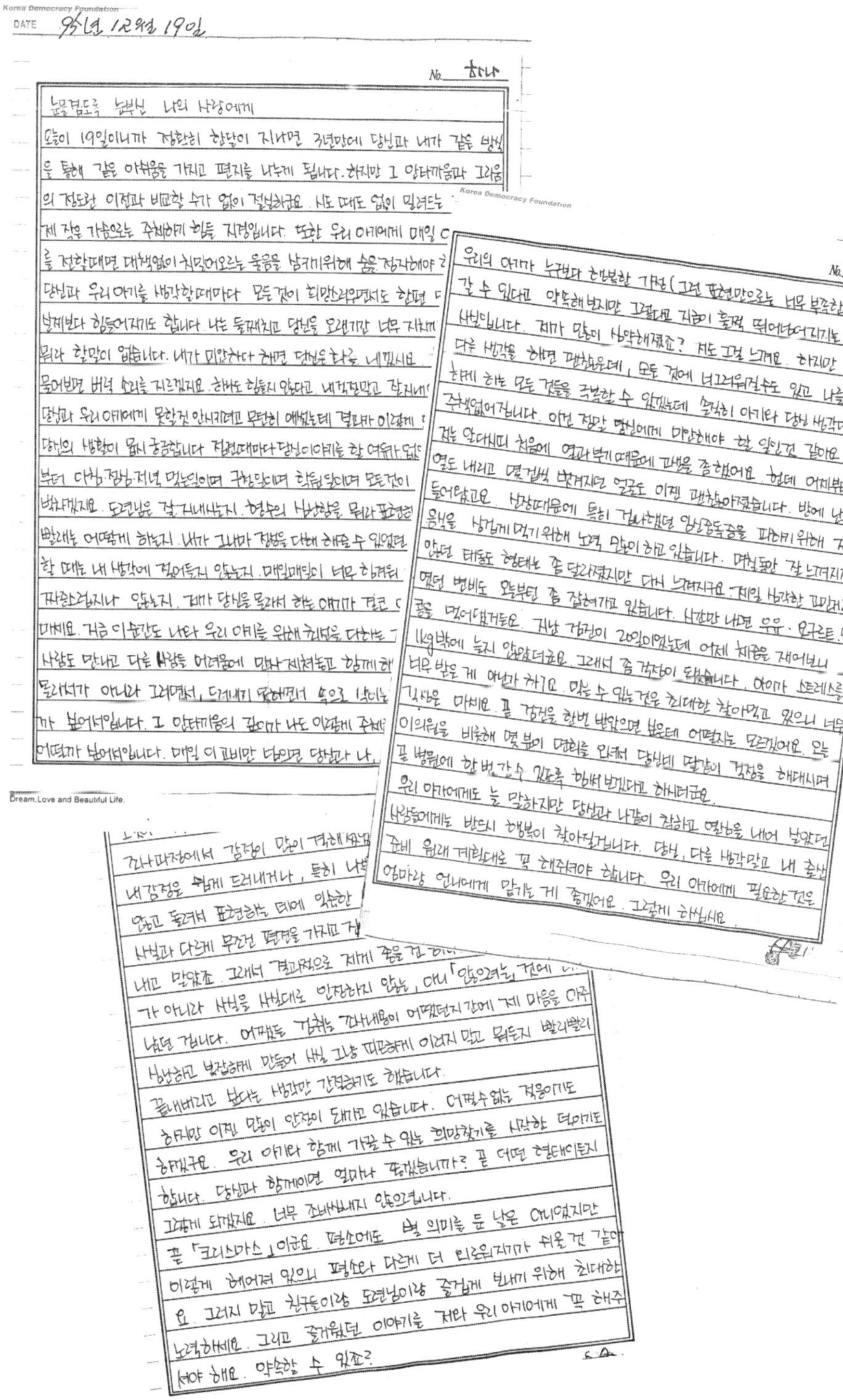

Korea Democracy Foundation

DATE 95년 12월 19일

No. 하나

눈물겹도록 눈부신 나의 사랑에게

오늘이 19일이니까 정확히 한달이 지나면 3년만에 당신과 내가 같은 방식
을 통해 같은 아쉬움을 가지고 편지를 나누게 됩니다. 하지만 그 안타까움과 그리움
의 정도란 이전과 비교할 수가 없이 절실하군요. 시도 때도 없이 밀려드는
제 작은 가슴으로는 주체하기 힘들 지경입니다. 또한 우리 아기에게 매일 C
를 전할때면 대책없이 치밀어오르는 울음을 삼키기위해 숨을 정지해야
당신과 우리 아기를 생각할때마다 모든것이 희망스러우면서도 한편
실제보다 힘들어지기도 합니다. 나는 둘째치고 당신을 오래기간 너무 지치게
뭐라 할말이 없습니다. 내가 미안하다 해면 당신은 화를 내겠지요.
물어보면 버럭 소리를 지르겠지요. 하나도 힘들지 않다고, 내 걱정말고 잘지내
당신과 우리 아기에게 못할것 안시키려고 무던히 애썼는데 결과가 이렇게
당신의 생활이 몹시 궁금합니다 접견때마다 당신이야기를 할 여유가 없
부터 아침·점심·저녁 먹는일이며 구형일이며 학원일이며 모든것이
벅차겠지요. 도련님은 잘 지내시는지. 형수의 심란함을 뭐라 표현
빨래는 어떻게 하는지. 내가 그나마 정성을 다해 해줄 수 있었던
할 때는 내 생각에 젖어들지 않는지. 매일매일이 너무 힘겨워
짜증스러워지나 않는지. 제가 당신을 몰라서 하는 얘기가 결코
마세요. 지금 이 순간도 나와 우리 아기를 위해 최선을 다하는
사람도 만나고 다른 사람들 어려움에 마냥 제쳐놓고 함께 해
물러서기가 아니라 그러면서, 드러내기 말해면서 속으로 삭이는
까 보여서입니다. 그 안타까움의 깊이가 나도 이렇게 주체
어떨까 보여서입니다. 매일 이 고비만 넘으면 당신과 나,

Dream, Love and Beautiful Life.

Korea Democracy Foundation

No. 둘

우리의 아기가 누구보다 행복한 가정(그런 표현만으로는 너무 부족한)을 가꿔
갈 수 있다고 약속해보지만 그렇다고 지금이 훌쩍 떠어넘어지지는 않는게
사실입니다. 제가 많이 나약해졌죠? 저도 그걸 느껴요. 하지만 그냥
다른 생각을 해면 괜찮은데, 모든 것에 너그러워질수도 있고 나를 곤란
하게 하는 모든 것들을 극복할 수 있겠는데 솔직히 아기와 당신 생각만 하면
주책없어집니다. 이건 정말 당신에게 미안해야 할 일인것 같아요.
저는 알다시피 처음에 열과 복기때문에 고생을 좀 했어요. 헌데 어제부터는
열도 내리고 몇겹씩 벗겨지던 얼굴도 이젠 괜찮아졌습니다. 밤에 난로도
들어왔고요. 난방때문에 특히 걱정했던 일산화탄소중독증을 피하기 위해 짬
음식을 싱겁게 먹기 위해 노력 많이 하고 있습니다. 며칠동안 잘 느껴지지
않던 태동도 형태는 좀 달라졌지만 다시 느껴지구요. 제일 심각한 편이었던
변비도 오늘부턴 좀 잡혀가고 있습니다. 시간만 나면 우유·요구르트·땅
콩을 먹어댔거든요. 지난 검진이 20일이었는데 어제 체중을 재어보니
1kg밖에 늘지 않았더군요. 그래서 좀 걱정이 됐습니다. 아마 스트레스를
너무 받은 게 아닌가 하기요. 먹을 수 있는 것은 최대한 찾아먹고 있으니 너무
걱정은 마세요. 꼭 검진을 한번 받았으면 하는데 어떨지는 모르겠어요. 오는
이의원을 비롯해 몇 분이 면회를 와서 당신네 딸같이 걱정을 해대시며
꼭 병원에 한 번 갈 수 있도록 힘써 보겠다고 하시더군요.
우리 아가에게도 늘 말하지만 당신과 나같이 착하고 열심을 내어 살았던
사람들에게는 반드시 행복이 찾아질겁니다. 당신, 다른 생각말고 내 출산
준비 원래 계획대로 꼭 해주셔야 합니다. 우리 아가에게 필요한 것은
엄마랑 언니에게 맡기는 게 좋겠어요. 그렇게 하십시요.

조사과정에서 감정이 많이 격해 있었
내 감정을 쉽게 드러내거나, 특히 나쁜
않고 돌려서 표현하는 데에 익숙한
사실과 다르게 무조건 편견을 가지고 것
내고 말았죠. 그래서 결과적으로 제게 좋을 건 하나
가 아니라 사실을 사실대로 인정하지 않는, 아니 「않으려는」 것에 대
난던 겁니다. 어쨌든 검취는 조사내용이 어떠했던지 간에 제 마음을 아주
심란하고 복잡하게 만들어 버릴 그냥 따분하게 이러지 말고 뭐든지 빨리빨리
끝내버리고 싶다는 생각만 간절하기도 했습니다.
하지만 이젠 많이 안정이 되가고 있습니다. 어쩔수 없는 적응이기도
하겠구요. 우리 아기와 함께 가꿀 수 있는 희망찾기를 시작한 덕이기도
합니다. 당신과 함께이면 얼마나 좋겠습니까? 꼭 어떤 형태이든지
그렇게 되겠지요. 너무 조바심내지 않으렵니다.
곧 「크리스마스」이군요. 평소에도 별 의미를 둔 날은 아니었지만
이렇게 헤어져 있으니 평소와 다르게 더 외로워지기가 쉬울 것 같아
요. 그러지 말고 친구들이랑 도련님이랑 즐겁게 보내기 위해 최대한
노력하세요. 그리고 즐거웠던 이야기를 저와 우리 아기에게 꼭 해주
셔야 해요. 약속할 수 있죠?

아버님 어머님께

(…) 누군가 아들 소식이라도 물어오면 목이 메이고 자식 자랑이라도 하는 사람 앞에서는 숨조차 쉴 수 없이 외로우실 부모님. (…)

보고 싶은 아버지 어머니, 비록 멀리 떨어져 뵐 수 없어도 장성한 아들이 부모님 품을 떠나 있어도 항상 부모님의 사랑으로 잘 지내고 있으리라고 생각하세요. 그리고 오늘밤은 편히 주무세요. 좋은 꿈 꾸시고요. 안녕히 계십시오.

- 1988년 6월 2일 서울에서 윤태 올림

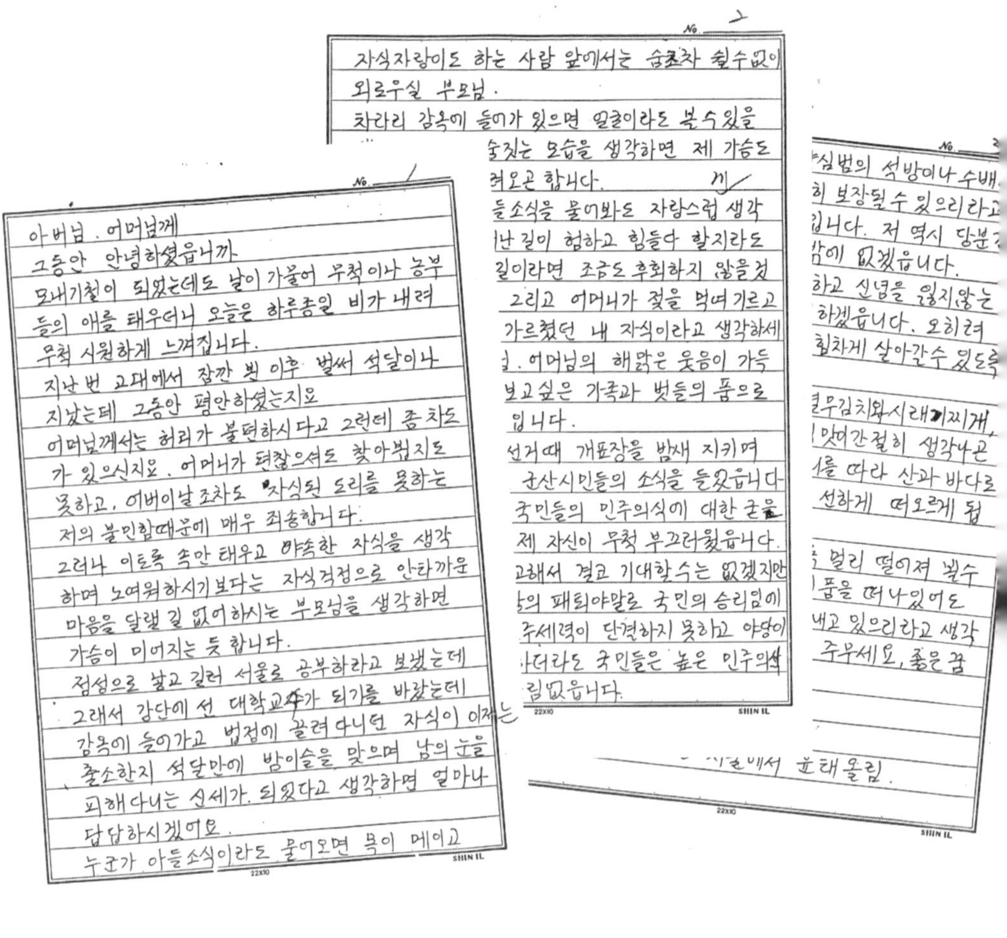
아버님 . 어머님께
그동안 안녕하셨읍니까
모내기철이 되었는데도 날이 가물어 무척이나 농부
들의 애를 태우더니 오늘은 하루종일 비가 내려
무척 시원하게 느껴집니다.
지난 번 교대에서 잠깐 뵌 이후 벌써 석달이나
지났는데 그동안 평안하셨는지요
어머님께서는 허리가 불편하시다고 그런데 좀 차도
가 있으신지요. 어머니가 편찮으셔도 찾아뵙지도
못하고, 어버이날조차도 자식된 도리를 못하는
저의 불민함때문에 매우 죄송합니다.
그러나 이토록 속만 태우고 약속한 자식을 생각
하며 노여워하시기보다는 자식걱정으로 안타까운
마음을 달랠 길 없어하시는 부모님을 생각하면
가슴이 미어지는 듯 합니다.
정성으로 낳고 길러 서울로 공부하라고 보냈는데
그래서 강단에 선 대학교수가 되기를 바랬는데
감옥에 들어가고 법정에 끌려다니던 자식이 이제는
출소한지 석달만에 밤이슬을 맞으며 남의 눈을
피해다니는 신세가 되었다고 생각하면 얼마나
답답하시겠어요.
누군가 아들소식이라도 물어오면 목이 메이고

자식자랑이도 하는 사람 앞에서는 숨조차 쉴수없이
외로우실 부모님.
차라리 감옥에 들어가 있으면 얼굴이라도 볼수있을
숨지는 모습을 생각하면 제 가슴도
려오곤 합니다.
들소식을 물어봐도 자랑스럽 생각
난 길이 험하고 힘들다 할지라도
길이라면 조금도 후회하지 않을것
그리고 어머니가 젖을 먹여 기르고
가르쳤던 내 자식이라고 생각하세
. 어머님의 해맑은 웃음이 가득
보고싶은 가족과 벗들의 품으로
입니다.
선거때 개표장을 밤새 지키며
군산시민들의 소식을 들었읍니다
국민들의 민주의식에 대한 글을
제 자신이 무척 부끄러웠읍니다.
고해서 결코 기대할수는 없겠지만
의 패퇴야말로 국민의 승리임에
주세력이 단결하지 못하고 야당이
하더라도 국민들은 높은 민주의식
림없읍니다.

심범의 석방이나 수배
히 보장될수 있으리라고
입니다. 저 역시 당분
밤에 없겠읍니다.
하고 신념을 잃지않는
하겠읍니다. 오히려
힘차게 살아갈수 있도록
멀리 떨어져 뵐수
품을 떠나있어도
내고 있으리라고 생각
주무세요, 좋은 꿈
서울에서 윤태올림.

어머님 보십시오. (…)

감옥살이 내내 가져왔던 저의 가장 큰 소망은 모든 장기수들이 감옥문을 나서고 제가 그 맨 마지막에서 문을 닫고 나오는 것이었습니다. 그렇기에 많은 장기수 분들을 뒤로하고 나서는 저의 석방은 온전한 석방일 수가 없고 그 분들을 가슴에 담고 살아야 하는 반 감옥살이일 것 같습니다. 모든 장기수들이 석방되는 날이 비로소 저의 온전한 석방의 날입니다.

역사를 바로잡기 위한 국민들의 투쟁과 분노를 가슴에 새기며 이 추운 겨울 열심히 살아가겠습니다.

- 1995년 12월 3일 대구에서 송갑석 드림

어머니께

(…) 그날은 구속된 이후 처음으로 아버지를 만나 뵈었습니다. 잘 견디고 있는 믿음직스런 모습을 보여드리고 싶었는데 그러지 못하고 말았습니다. 약 1년 만에 만나 뵙는 아버지를 법정 공판정에서 대해야 한다고 생각하니 처연하기도 했습니다. 아버지와 저를 함께 구속한 것도 부당한 일인데, 나란히 법정에까지 세우고야마는 이 나라 정권의 도덕성에 저는 분노를 느낍니다. (…)

어머니, 지금은 비록 그들이 우리 가족을 가두어두고 어머니께 견디기 힘든 아픔을 주고 있지만, 분명한 것은 우리가 옳고 그들이 틀렸다는 것입니다. (…) 그러니 어머니께서도 가능한 한 마음을 편히 가지시기 바랍니다. 저도 다시 어머니께 돌아가는 그날이 올 때까지 건강히 잘 견디며 살아가겠습니다. (…)

- 1995년 3월 20일 영민 올림

사랑스런 명지에게

햇살 따스한 봄이 왔다. 명지야.

봄이 오면 모든 나무는 파릇파릇 새싹을 틔우고 산들은 연두색 옷으로 갈아 입는단다.

(…) 오늘도 아빠는 개나리보다 더 이쁘고 사랑스런 명지 사진을 보며 싱그러운 봄바람을 쐬고 있단다. 명지도 아빠 생각 많이 해줘라.

- 1997년 3월 11일 대전에서 아빠가

100일

그것이 이 긴 이별의 시작인 줄 알았다면 절대로 널 그렇게 떼놓고 오진 않았을걸. 목숨을 걸고서 그들과 몸싸움을 해서라도 널 지켰을걸. 하루하루 달력보지 않아도 귀신같이 알겠더구나.

너를 못본 지 열흘, 보름, 한 달….

그리고 49일 만에 검사실에서 안아본 너는 너무도 변해버린 엄마 모습에 겁이 났는지, 충격을 받았는지 선뜻 안기려 하지 않았지.

펑펑 우는 엄마 앞에서 울지 않으려 호르르 한숨 쉬고 치마 들어 눈물 닦던 네 가여운 몸짓. 죽어야 잊혀질까?

- 영남위원회 사건 구속자 이은미씨가 남편과 여동생이 함께 구속되어 혼자 남겨진 딸 4세 해솔이에게 보내는 편지

보고 싶은 나의 어머님

어머님 살아계시다는 소식에 이 불효자는 44년간 참아왔던 눈물을 가눌 길이 없어 남몰래 베개속을 적시곤 합니다. 세월은 쉬지 않고 흘러 어느덧 44년.

어머님 그리고 사랑하는 가족들과의 생이별, 한시도 가족들을 잊어본 적이 없습니다. (…)

나의 마지막 남은 양심을 짓밟아 버리기 위해 휘두르는 모진 매질과 협박, 죽음에 대한 공포, 육체가 다 망가져버린 우리 삶. 온갖 육신의 병을 안고 죽어가는 동료. 그래도 우리는 살아야 한다는, 살아서 세상 땅을 밟아야 한다는 한가지 일념으로 밥을 씹어 양말에 담아 으깨어 한 모금 한 모금 목을 넘기면서 뜨거운 눈물을 흘려야 했습니다. … .

보고 싶은 나의 어머니. 어머님이 계셨기에 저는 힘겨운 44년을 살 수 있었습니다.

사랑하는 나의 어머니. 미치도록 보고 싶은 나의 어머니. 보고 싶습니다.

- 세계 최장기수 김선명 선생이 어머니께 보내는 편지

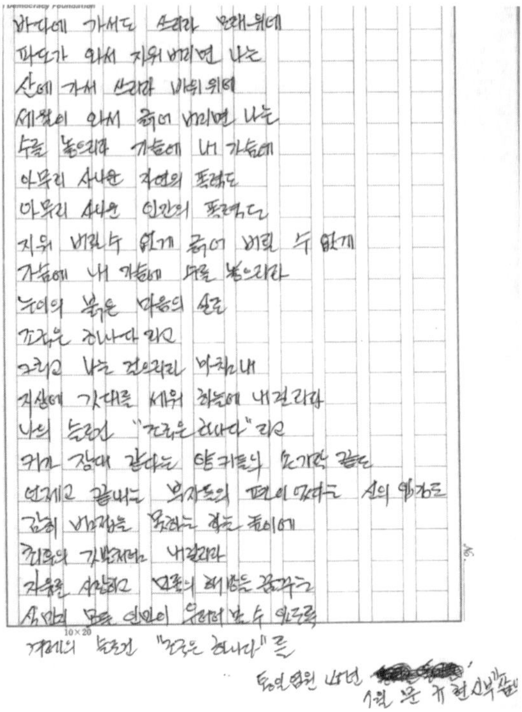
바다에 가서도 쓰리라 모래 위에
파도가 와서 지워 버리면 나는
산에 가서 쓰리라 바위 위에
세월이 와서 묽어 버리면 나는
수를 놓으리라 가슴에 내 가슴에
아무리 사나운 자연의 폭력도
아무리 사나운 인간의 폭력도
지워 버릴 수 없게 묽어 버릴 수 없게
가슴에 내 가슴에 수를 놓으리라
누이의 붉은 마음의 실로
조국은 하나다 라고
그리고 나는 걸으리라 마침내
지상에 깃대를 세워 하늘에 내걸리라
나의 높은 "조국은 하나다"라고
키가 장대 같다는 양키들의 손가락 끝도
언제고 끝내는 부자들의 편이었다는 신의 손가락도
감히 바라보지 못하는 하늘 높이에
최후의 깃발처럼 내걸리라
자유를 사랑하고 민족의 해방을 꿈꾸는
삼천만 모든 민중이 우러러 볼 수 있도록
겨레의 높은 "조국은 하나다"를
통일염원 45년 7월 문규현 신부가 씀

홍형, 같은 구치소에 갇혀 있으면서도 얼굴 한번 보지 못하고 지낸 지가 벌써 한 달이 넘었습니다. 면회를 가는 길이면 혹시 마주치지나 않을까 하여 습관처럼 주변을 둘러보고는 하지만 그때마다 홍형의 얼굴이 눈에 띄지 않아 돌아오는 길이 섭섭할 때가 한두 번이 아니었지요. (…) 홍형 7년이라니요. 그것도 허울 좋은 대한민국의 국가기밀을 누설한 간첩이라니. 법정최하형이라니요. 세상에 둘도 없이 부끄러운 분단국가가 우리 조국이요 하늘아래 차마 얼굴을 둘 수 없는 것이 우리들 모두입니다. (…)

대문짝만하게 손바닥만한 종이 위에도 쓰리라
조국은 하나나라고
오색 종이 위에도 쓰리라 축복처럼
만인의 머리위에 내리는 눈송이 위에도 쓰리라
조국은 하나다라고 …

- 통일염원 45년 7월 문규현 신부가 씁니다

(문규현 신부가 같은 구치소에 수감 중인 민중화가 홍성담에게 보낸 편지)

감옥으로 보낸 편지

명지에게 아빠를 돌려주세요

(…) 태어난 지 3일 만에 끌려간 아빠가 왜 가족과 헤어져 푸른 수의를 입고 있는지 그 이유도 모른 채 몇 차례 면회 때 만난 것도 쌓은 정이라고 아빠를 저리 그리는 아이에게 이젠 어떤 말을 해줘야 하는지 나는 모르겠습니다.

당신이 준법서약서를 쓰지 않고 양심수를 조건 없이 석방하라는 단식을 하게 되었다는 것을 알고 온 가족들은 얼마나 속상해하고 걱정하는지 모릅니다. (…)

매일매일 간절하게 빌겠습니다. 당신이 하루속히 석방되어 우리 가족의 품으로 돌아올 수 있기를….

- 1998년 8월 6일 당신의 아내, 정원

아빠 날씨가 많이 추워졌지요?

손끝과 얼굴이 아리도록 추운 날들이에요. 이렇게 자유롭게 행동하는 저도 추운데 거기서 계시는 아빠는 얼마나 추우시겠어요. 아빠 생각을 하니 눈물이 나네요. 그 눈물로 차가운 아빠의 두 볼을 녹여 드리고 싶어요. (…)

- 사랑하는 아빠의 딸 아림 올림

사랑하는 인영아!

네가 그렇게도 높기만 한 담장 안 큰집에 자리 잡고 살게 된 지도 벌써 27년이 넘었구나.

(…) 그러나 두 번 다시 오지 않을 너의 청춘, 이제 칠십을 바라보는 너의 인생은 어떤 값을 쳐 받아야 한단 말이냐. (…)

인영아! 너와 같은 사람들, 젊은 일꾼들의 고생이 헛되지 않은 날이 하루빨리 오기를, 통일의 날이 빨리 와 헤어졌던 견우와 직녀가 만나듯 이 에미와 아들이 만날 수 있는 날이 빨리 오기를 두 손 모아 빌겠다.

잘 있거라, 죽기 전에 너를 한번이라도 안아볼 수 있기를 기도하겠다.

- 27년째 옥살이를 하는 장기수에게 보낸 어머니의 편지

사랑하는 내 아들 성만아!

(…) 너를 살리기 위해 사람들이 모이는 곳이면 어디든지 찾아갔다. 대학생들 집회장에서, 기자들을 만나서, 인권단체에 찾아가서 '제발 내 아들 성만이를 살려달라'고 울부짖었다.

3년 6개월, 밤새 사형집행이 되지나 않았는지 뜬눈으로 지새우며 "저를 대신 데려가 주세요" "우리 성만이 목숨만 살려 주세요" 애원하던 에미의 기도가 하늘에 닿았나 보다. 1988년 12월 21일, 너는 종신형인 무기징역으로 감형이 되었다. (…)

네가 끌려가기 전만 해도 이 에미는 학생들이 데모하면 공부는 안 하고 쓸데없는 짓 한다고 나무라던 평범한 노인네였다. 그렇듯 평범했던 이 에미의 마지막 기도는 모든 양심수의 석방과 한반도의 통일이란다. 분단의 철책선과 콘크리트 담장을 허물게 될 그날까지 15척 담장을 뛰어넘는 에미와 아들의 기도는 계속될 것이다.

- 구미유학생 사건으로 구속, 1989년 국제사면위원회 세계 30대 양심수로 선정된 김성만씨의 어머니 최인화님의 1994년 6월 9일 편지

추위 속에 고생하시는 당신께 문안드립니다.

올해 어머님은 연세가 80이 되시는 해입니다. 전번 성탄절에는 꼭 당신이 석방될 줄 알고 기다리셨는데 모든 기대가 어긋나버렸습니다. 이번 설에도 눈물과 한숨으로 설다운 설을 보내지 못하고 식구들의 생일이 무엇

인지 우리 집은 당신이 석방되어 오순도순 어머님 모시고 알뜰하고 마음 편안한 가정이 되었으면 합니다. (…)

의를 위해서 사는 사람은 억울함을 더해야 하며 5공 6공 때 못된 일하고 국민을 속이고 못된 일한 사람들은 석방을 시키는 이 정부가 원망스럽습니다.

역사는 진실을 말할 것입니다. 항상 건강 조심하시고 몸조심하세요.

- 1994년 2월 17일 대훈 엄마 드림

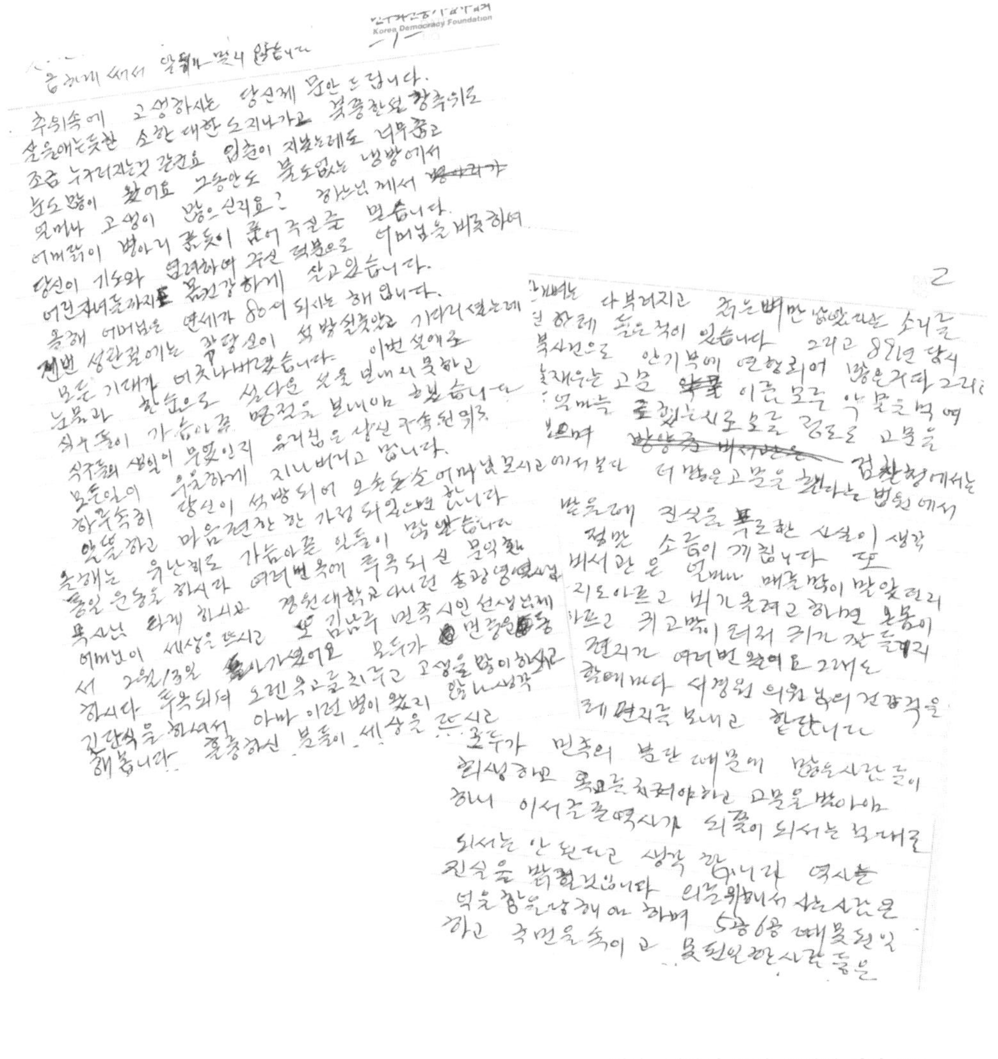

보고 싶은 아버지께

아버지, 안녕하세요? 오늘은 제가 민가협 양심수 캠페인 행사에서 아버지께 편지를 보냅니다. 저는 나이가 어려서 아직은 잘 모르지만 아버지와 아버지 친구들이 계신 그런 곳이 없으면 좋겠습니다. (…)

며칠 있다가 어머니와 동생들과 함께 아버지를 만나러 갈 것입니다.

그럼 아버지 그때까지 언제나 몸 건강히 안녕히계세요.

- 사랑하는 아빠의 딸 하나 올림.

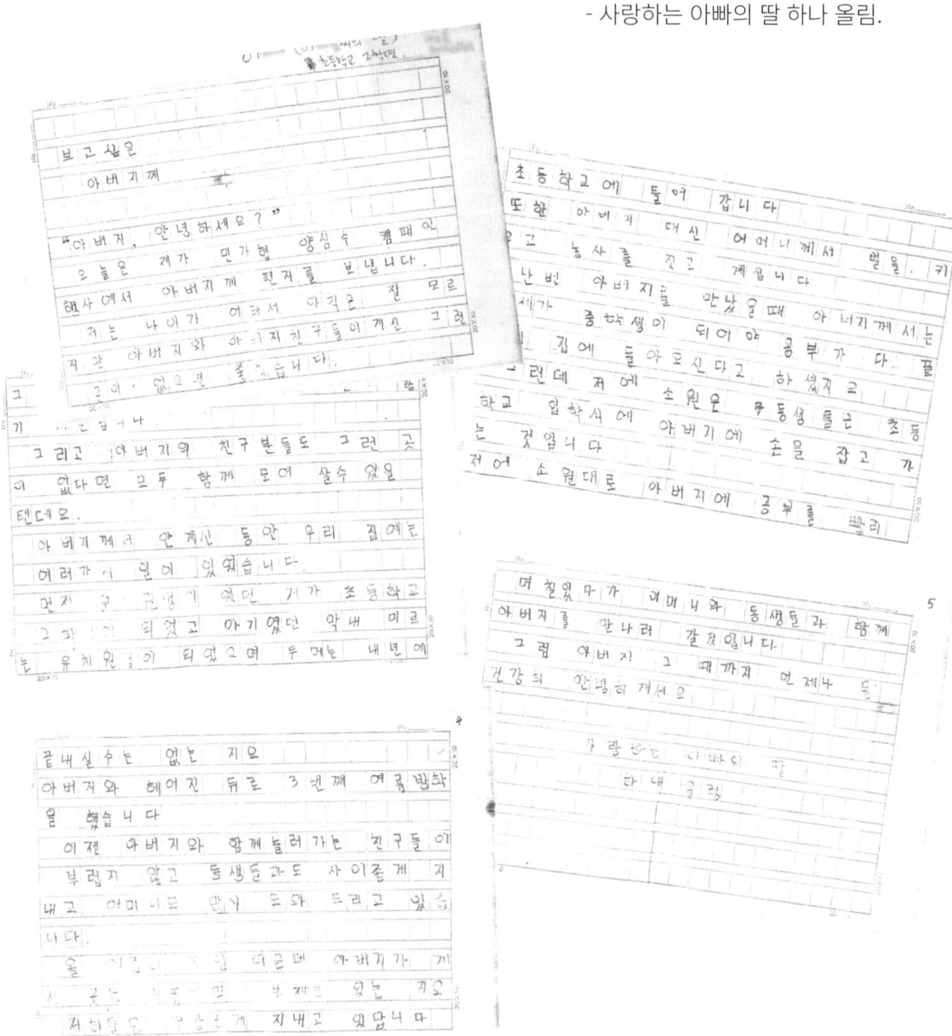
보고 싶은
아버지께

"아버지, 안녕하세요?" 오늘은 제가 민가협 양심수 캠페인 행사에서 아버지께 편지를 보냅니다. 저는 나이가 어려서 아직은 잘 모르지만 아버지와 아버지 친구들이 계신 그런 곳이 없으면 좋겠습니다.

그리고 아버지의 친구분들도 그런 곳이 없다면 모두 함께 모여 살수 있을 텐데요.
아버지께서 안 계신 동안 우리 집에는 여러가지 일이 있었습니다.
먼저 [illegible] 했던 저가 초등학교 [illegible] 되었고 아기였던 막내 미르는 유치원생이 되었으며 [illegible] 내년에

초등학교에 들어 갑니다
또한 아버지 대신 어머니께서 벌을 키우고 농사를 짓고 계십니다
[illegible]난번 아버지를 만났을때 아버지께서는 제가 중학생이 되어야 공부가 다 끝나 집에 돌아오신다고 하셨지요
그런데 제 소원은 두 동생들은 초등학교 입학식에 아버지의 손을 잡고 가는 것입니다
저의 소원대로 아버지께 공부를 빨리

끝내실수는 없는지요
아버지와 헤어진 뒤로 3번째 여름방학을 했습니다
이제 아버지와 함께 놀러가는 친구들이 부럽지 않고 동생들과도 사이좋게 지내고 어머니도 많이 도와 드리고 있습니다.
[illegible] 아버지가 [illegible]
저희들도 [illegible] 지내고 있답니다

며칠있다가 어머니와 동생들과 함께 아버지를 만나러 갈것입니다
그럼 아버지 그 때까지 언제나 몸 건강히 안녕히계세요

사랑하는 아빠의 딸
하나 올림

아빠에게

아빠, 아빠가 감옥으로 간지 벌써 1년이 넘었어. 이제는 많이 시간이 흘러서 꽤 익숙해졌지만 옆집 고모네에서 재잘재잘 이야기 소리가 들릴 때에는 약간 심심하기도 하고 내 자신이 초라해 보이는 거 같아. (…)

우리나라가 통일을 하고 전쟁을 하지 말아야 한다는 운동을 한 아빠가 아무 죄가 없다는 걸 나는 잘 알아. 아빠, 감옥에서 지내는 거 많이 힘들지? 성탄절 이전에는 다시 나와, 그럼 이만 말 끝내고 기다릴게~

- 초능학교 5학년 아이의 편지

안녕, 잘 지내고 있는지.

저번 주 토요일 면회 가서 얼굴을 봤는데도, 워낙 짧은 시간이라 생일 축하한다는 말도 하지 못했지. 넌 언제나 웃는 얼굴로, 다친 데도 없고 잘 지낸다고 하지만 그 말을 믿을 수 없는 현실에 화가 난다. 널 접견했던 변호사님 말루는 많이 맞았다고 하던데….

사실, 맞은 것보다 더 걱정된 건, 네가 그들에게 인간 이하의 수모를 겪진 않았니 하는 거였어, 무릎을 꿇리고, 쌍욕을 해대고, 여학생들에게는 성폭행까지… 차마 말로 다 못할 인권유린의 모습들이 통신에 많이 올라와 있더라. 하지만, 환한 미소와 꿋꿋한 모습에, 어떤 폭력이나 탄압도 너의 자존심과 당당함을 무릎 꿇릴 수는 없다는 생각이 들었다. 그런 네가 자랑스러워.

- 광일이를 세상에서 제일 좋아하는 은미.

사랑하는 영석에게

영석아!

너를 부르기조차도 가슴 떨리는구나. 아슬아슬했던 지난날을 생각하면 말이다.

작년 8.15 이후 계획된 생활을 하지 못하고 이리저리 피해 다니는 너의 모습을 보면서 엄마도 많이 고통스러웠단다. 신문이나 방송에서만 '수배'란 단어를 접했지 이렇게 내 아들이 '수배자'란 꼬리를 달고 다닐 줄은 누가 알았겠니?

아가! 애기로만 보였던 네가 어느새 훌쩍 커서 '좋은 세상' 만들겠다고 썩은 냄새가 아니고 '사람 냄새' 나는 세상 만들어 보겠다고 엄마에게 말했을 때 엄마는 "우리 영석이가 참 바르게 자라줬구나"하고 무척이나 대견스러웠단다. (…)

영석아! 고생하는 너의 선배, 동료, 후배 또 우리 '한총련' 모두 한 자리에 어울려 신명나게 잔치 벌이는 '좋은 세상' 그날을 기다리면서. 다시 한 번 힘내!

- 우리 영석이를 무지 사랑하는 엄마가

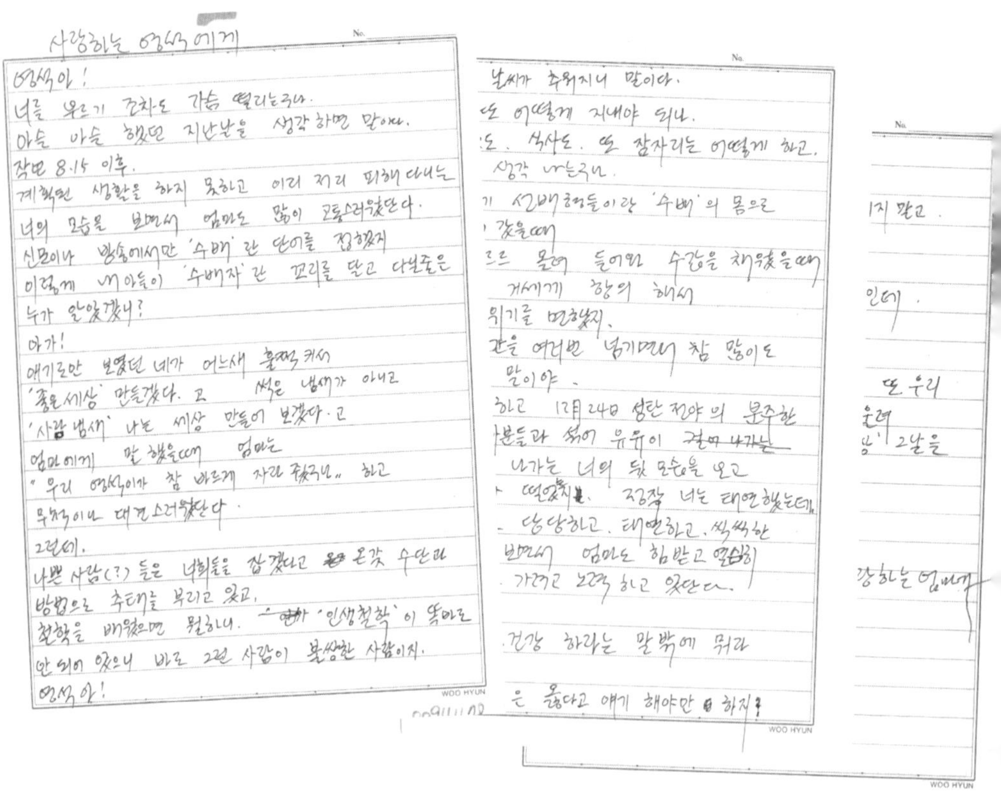
사랑하는 영석에게
영석아!
너를 부르기 조차도 가슴 떨리는구나.
아슬 아슬 했던 지난날을 생각하면 말이다.
작년 8.15 이후.
계획된 생활을 하지 못하고 이리 저리 피해 다니는
너의 모습을 보면서 엄마도 많이 고통스러웠단다.
신문이나 방송에서만 '수배'란 단어를 접했지
이렇게 내 아들이 '수배자'란 꼬리를 달고 다닐줄은
누가 알았겠니?
아가!
애기로만 보였던 네가 어느새 훌쩍 커서
'좋은세상' 만들겠다.고 썩은 냄새가 아니고
'사람 냄새' 나는 세상 만들어 보겠다.고
엄마에게 말 했을때 엄마는
"우리 영석이가 참 바르게 자라줬구나." 하고
무척이나 대견스러웠단다.
그런데.
나쁜 사람(?)들은 너희들을 잡겠다고 온갖 수단과
방법으로 추태를 부리고 있고,
철학을 배웠으면 뭘하니. '인생철학'이 똑바로
안 되어 있으니 바로 그런 사람이 불쌍한 사람이지.
영석아!

날씨가 추워지니 말이다.
또 어떻게 지내야 되나.
도. 식사도. 또 잠자리는 어떻게 하고.
생각 나는구나.
기 선배형들이랑 '수배'의 몸으로
갔을때
르르 몰려 들어와 수갑을 채웠을때
거세게 항의 해서
위기를 면했지.
고을 여러번 넘기면서 참 많이도
말이야.
하고 12月 24日 성탄 전야의 분주한
분들과 섞여 유유히 걸어 나가는
나가는 너의 뒷 모습을 보고
떨었지. 정작 너는 태연했는데.
당당하고. 태연하고. 씩씩한
보면서 엄마도 힘 받고 열심히
가려고 노력 하고 있단다.
건강 하라는 말밖에 뭐라
은 옳다고 얘기 해야만 하지?

대권아

찬 바람이 부는 추운 날씨에 어떻게 지내는지 궁금하구나.

이곳은 모두 편안히 잘 지내고 있으니 아무 걱정 말거라.

벌써 영어의 몸으로 6년째를 맞는 겨울이구나. 그동안 네가 고생하는 것을 생각하면 이 에미의 마음은 억장이 내려앉을 것 같다. 따스한 방에 누웠다가도 문득 너를 떠올리고 따스함도 마다한다. (…)

하느님! 이 땅의 모든 양심수와 억울하게 갇힌 모든 수인들이 자유의 몸이 되어 그 가족들과 얼싸안고 기쁨을 나눌 수 있는 날이 하루속히 올 수 있도록 두 손 모아 기도드립니다.

- 어머니가

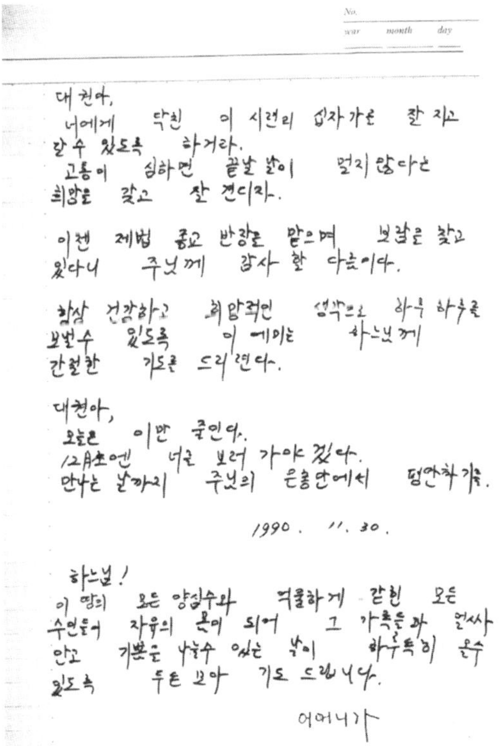

No.
year month day

대권아,
너에게 닥친 이 시련의 십자가를 잘 지고 갈 수 있도록 하거라.
고통이 심하면 끝날 날이 멀지 않다는 희망을 갖고 잘 견디자.

이젠 제법 옹고 반항도 맡으며 보람을 찾고 있다니 주님께 감사 할 다름이다.

항상 건강하고 희망적인 생각으로 하루 하루를 보낼수 있도록 이 에미는 하느님께 간절한 기도를 드리련다.

대권아,
오늘은 이만 줄인다.
12月초엔 너를 보러 가야 겠다.
만나는 날까지 주님의 은총안에서 평안하거라.

1990. 11. 30.

하느님!
이 땅의 모든 양심수와 억울하게 갇힌 모든 수인들이 자유의 몸이 되어 그 가족들과 얼싸안고 기쁨을 나눌수 있는 날이 하루속히 올수 있도록 두손 모아 기도 드립니다.

어머니가

3장

나의 어머니, 우리들의 어머니

그저 평범한 어머니에서
고난의 시대를 온몸으로 헤쳐오며
양심수의 어머니, 우리들의 어머니로 살아오신
어머니를 회상하며

한때 양심수로 불렸던 네 명의 자식들이 들려주는
사랑하는 나의 어머니와 민가협 이야기

사형 집행 앞둔 양심수, 기적적으로 살려낸 어머니들

김성만(1985년 구미 유학생 사건으로 구속)

나는 1985년에 '구미유학생 간첩단 사건'이라는 조작 사건의 주범으로 체포됐다. 1심과 2심에서 사형선고를 받았고, 이어서 대법원에서도 사형 확정판결을 받았다. 3년 6개월의 사형수 생활 끝에 무기징역으로 감형되었고, 13년 2개월간 복역한 후 석방됐다. 2016년에 재심을 신청해 1·2심에서 무죄선고를 받았고, 대법원에서 최종 무죄 확정판결을 받았다.

나는 연세대학교를 졸업한 후 미국 일리노이주립대학 정치학과 대학원에서 유학했다. 재미교포의 소개로 헝가리와 동독의 북한대사관을 방문해서 통일문제를 토론한 일이 '간첩죄'로 조작됐다. 안기부의 극심한 고문을 통해서도 간첩 행위라고 할 만한 내용이 나온 것은 전혀 없었다.

그런데도 전두환 정권이 사형을 선고하고 집행까지 하려고 했던 것은 내가 집필해서 운동권에 배포한 '예함(예속과 함성)' 팸플릿 때문이었다. '예함'의 내용은 광주민중항쟁의 진압을 지원한 미국의 역할을 폭로하고, 전두환 군사독재정권을 지원하는 미국에 대해 민족자주운동을 일으키자는 간곡한 호소였다. '예함'은 1980년대에 들불처럼 일어난 반미 민족자주운동의 발화점이 됐다. 이 점이 독재정권의 괘씸죄에 걸려서 사형선고를 받았다.

천형(天刑)과도 같았던 간첩죄

지금과 달리 그때는 사형집행이 수시로 행해졌다. 내가 서울구치소에 입소한 후 1년 동안 두 번의 사형집행이 있었고, 7명의 국가보안법 사형수에게 형이 집행됐다. 사형이 확정된 후 나의 집행 대기 순번은 3번이었다. 사형집행은 사전 예고 없이 행해졌다. 언제 느닷없이 방으로 교도관들이 들이닥쳐 끌어낼지 알 수 없는 상황 속에 하루하루 목숨이 이어지는 불안한 나날이었다.

간첩죄는 당시에는 천형(天刑)과 같은 것이었다. 친척들이 우리 집과 일체 연락과 왕래를 끊었고, 밤에는 집으로 돌멩이가 날아들어 유리창을 깨기 일쑤였다. 어머니는 그때의 심정을 기독교 신문에 다음과 같이 쓰셨다.

"대문 앞을 쓸려고 해도 사람들이 다니지 않는 시간, 해가 뜨기 전이나 깜깜한 밤에 쓸어야 했다. 시장을 다녀도 몰래 다녀야 했고, 버스를 타러 갈 때나 버스에서 내려 집으로 올 때도 고개를 숙이고 걸어야 했다. 주변 이웃들의 '간첩 가족'이란 손가락질과 수군거림을 정말 견디기가 어려웠다. 깜깜한 밤하늘만 쳐다보며 하염없이 울었다. 황량한 들판에 내버려진 것 같은 심정으로 살던 우리 가족에게 누구 하나 따뜻한 위로의 말 한마디 건네오는 사람이 없었다."

고통스러워하며 힘겹게 살아가시던 어머니는 '민가협에 가면 위축된 어깨가 펴지고 숨을 편히 쉴 수 있다'고 하셨다. 민가협 어머니들은 '아들 주장이 학생들 주장과 다른 게 뭐가 있느냐? 북한대사관에 가서 민족문제를 토론하다니 얼마나 용기 있는 아들이냐?'라고 격려해 주셨다고 한다.

두들겨 맞고 징벌방에 갇혔다는 소식에 달려온 어머니들

내가 직접적으로 민가협 어머니들의 굳건한 도움을 받은 일이 있었다. 1986년 9월이었다. 당시 서울구치소에서 양심수를 향한 무차별적인 폭력 사태가 발생했다. 전두환 정권이 서울아시안게임 기간에 교도소 규율을 엄히 단속하라고 교정국에 지시한 직후 교도관들이 트집을 잡아서 양심수들에게 무지막지한 폭력을 행사한 것이다.

나흘 전에 사형이 확정된 나는 어머니를 면회하기 위해 감방문을 나섰다. 그런데 맞은편에서 두 명의 교도관에게 끌려오는 학생이 고통스러워하며 울고 있었다. 한 교도관이 팔을 비틀어 뒤로 꺾어 올리고 있었고, 다른 교도관은 머리채를 끌어당기고 있었다. 나는 다가가서 팔도 놓고, 머리

민가협 목요집회에서 아들 김성만의 석방을 호소하는 최인화 어머니. 그 곁에 선 이들은 구미유학생 사건으로 무기형을 받은 황대권씨와 강용주씨의 어머니들이다.

채도 놓으라고 했다. 반응이 없자 머리채 잡은 손을 직접 떼어내려고 했다. 그러자 교도관은 사형수가 항상 차고 있는 수갑을 낚아채서 바닥에 쓰러뜨린 뒤 수갑을 당겨서 복도에서 내 몸을 질질 끌고 갔다. 수갑은 예리한 금속이기에 내 양 손목에서는 바로 피가 흘러내렸다.

그들은 나를 징벌방으로 데려간 후 내 몸을 포승줄로 꽁꽁 묶은 다음 집어넣었다. 잠시 후 학생들이 계속 끌려오면서 징벌방은 금세 다 채워졌다. 배식하는 소지가 사동에 남아 있는 학생들이 폭력 사태에 항의하며 단식에 들어갔다고 알려 주었다. 징벌방에 끌려온 양심수들도 모두 단식에 들어갔다. 나도 단식에 동참했다. 다음 날 오전 구치소 측은 징벌방에 있는 양심수를 한 사람씩 불러내 환방시켰다. 하지만 나는 끝내 부르지 않았다.

"간첩? 그래, 나도 간첩이니까 잡아넣어라!"

나는 외롭게 징벌방에 갇혀 며칠 동안 극심한 육체적 고통을 겪었다. 항의 단식을 중단할 수는 없었다. 우선 배고픔을 참는 것이 커다란 고통이었다. 그리고 편히 잠을 잘 수가 없었다. 등 뒤에 포승줄 묶음이 있어서 등이 배겨서 누울 수가 없었다. 수갑을 차고 있으니 엎드려 잘 수도 없었다. 며칠 밤을 밤새도록 벽에 기대 있으니 여간 피곤한 것이 아니었다. 낮인지 밤인지 비몽사몽간이었다. 손목의 피는 멎었으나 몸을 움직일 때마다 수갑이 상처를 자극하면서 수없이 양 손목을 쓰라리게 했다.

어머니는 징벌방에 끌려갔던 양심수 중 나만 면회가 안 되자 민가협에 알렸다. 다음 날 바로 민가협 어머니들이 구치소를 항의 방문했다. 구치소장은 이번 사태에 대해 나를 지칭하며 '좌익최고수'가 기획하고 선동해서 일으킨 사건이라고 했다. 구치소 측은 이렇게 핑계를 대려고 나만 환방 조치에서 제외한 것이다.

폭력사태 진상을 이미 잘 아는 어머니들은 '폭력 사태에 책임을 져야지 용공 조작으로 빠져나가려고 하느냐'라고 강력히 항의하셨다. 소장이 '당신들이 간첩을 두둔하느냐, 당신들도 간첩과 한패냐'라고 하자 민가협 회장이던 임기란 어머니가 '그래, 나도 간첩이니까 나도 잡아넣어라'라고 소리치셨다. 환방 조치 약속을 못 받은 어머니들은 철수하지 않았고 밤에도 구치소 앞에서 투쟁하셨다.

다음 날 어머니들은 당시 지명도가 매우 높았던 박찬종 국회의원을 대동하고 다시 서울구치소장을 만났다. 어머니들의 거듭된 항의에 소장도 환방 조치를 할 수밖에 없었다. 나는 나중에 면회를 오신 어머니로부터 어떻게 해서 내가 환방되었는지 듣고 나서 커다란 감동을 받았다. 굳세게 싸우셔서 고통에서 풀어주신 은혜, 간첩 죄명인데도 학생들과 다름없이 보살펴 주신 은혜에 말로 다 할 수 없는 감사함을 느꼈다.

집회장을 울음바다로 만든 어머니의 구명 호소

독재정권 치하에서 어머니가 아들의 목숨을 구하기 위해 의지할 곳은 두 군데였다. 하나는 하나님이었고, 또 하나는 민가협 어머니들이었다. 어머니는 매일 교회에 가서 새벽기도를 하고 서울구치소로 와서 나를 면회한 다음 민가협으로 향하셨다. 어머니는 나의 구명을 호소하는 유인물 한

1981년, 연세대 물리학과 졸업식에서 어머니와 함께 한 김성만 씨

뭉치를 옆에 끼고 민가협 어머니들과 함께 민가협 문을 나설 때면 아들을 살려야 한다는 결의로 기득 찼다고 하셨나.

민가협은 양심수 석방 촉구 집회 때 어머니에게 연단에 올라가서 말할 기회를 만들어 주었다. 하지만 평생 집에서 살림만 하시던 어머니가 무슨 말을 잘하실 수 있었을까? 청중들에게 성만이가 살아나게 도와달라고, 사형수로 집행당할 처지에 있는데 결코 간첩이 아니라고 호소하다가 설명을 잇지 못하고 흐느껴 우시기만 했다. 그렇게 울며 연단에서 내려가실 때 함께 있던 청중들도 모두 함께 울어 집회장은 울음바다가 되었다고 한다.

어머니는 면회 오셔서 불쌍한 아들을 바라보고는 늘 눈물을 보이시며 괴로워하셨다. 이 세상에서 가장 견디기 힘든 것은 가족이 고통스러워하는 것을 지켜보는 일일 것이다. 내가 죽는 거야 내가 자초했다고 볼 수 있지만, 어머니가 괴로워하는 것을 지켜보는 것은 사형선고 이상의 고통이었다. 내가 소내 생활을 하며 이런 연유로 힘들어하는 것을 아는 한 교화위원이 이렇게 위로의 말을 건네 주었다. 그 말은 어느 잡지에서 읽은 내용을 토대로 한 것이었다.

"박종철 아버지가 김세진 어머니를 그렇게 부러워한단다. 세진이 어머니는 세진이가 보고 싶으면 아들 무덤에 가서 실컷 울 수 있지만, 박종철 아버지는 종철이가 보고 싶어도 치안본부가 종철이 시신을 없애버려서 어디 가서 울 데가 없다고 한다. 그에 비하면 너의 어머니는 살아있는 너를 만나러 오니 이 얼마나 기적과 같은 만남이냐?"

그 말을 듣고 나는 더는 슬퍼하지 않았다. 면회 시간이 힘들고 괴로운 시간이 아니라 세상에서 더없이 소중한 시간임을 깨달았다. 나는 면회 시간에 어머니와 만나는 것을 행복하게 여기며 살았다.

고우영 만화에 등장한 "김성만을 죽이지 말라"

민가협 어머니들은 곳곳의 집회 현장을 다니면서 사형수를 살려야 한다고 외치셨다. 집회마다 사형수를 살리자는 구호가 울려 퍼졌다. 그리고 각종 신문과 잡지 인터뷰를 어머니께 주선하며 나의 억울한 사정을 널리 홍보하게 해 주셨다. 민가협 어머니들의 헌신적인 도움으로 내 절박한 사정이 점점 더 사회적으로 널리 알려져 나갔다. 그러던 한날은 재미있는 일이 있었다.

당시 신문을 잘 읽지 않는 재소자들도 스포츠 신문만은 챙겨서 보았다. 그중에서도 고우영 작가의 만화가 실리던 〈일간스포츠〉를 많이 구독했다. 대다수가 고우영 만화를 보기 위해 〈일간스포츠〉를 본다고 했다. 그만큼 고우영 만화가 사회적으로 선풍적인 인기를 끌던 시기였다.

그런데 어느 날의 만화 내용이 폭정을 일삼는 관리에게 한 의인이 항의하다가 옥에 갇혀 죽게 된 상황으로 전개되고 있었다. 그런데 갑자기 다음 한 컷에 의인이 아니라 '김성만을 죽이지 말라는 소리가 시중에 드높은데' 라는 지문이 슬쩍 등장했다. 그러고는 만화는 바로 본래 내용으로 돌아갔다. 고우영 작가가 자신의 만화에 그런 대목을 집어넣을 만큼 민가협 어머니들의 헌신적인 노력이 사회적으로 얼마나 반향을 불러일으켰는지 능히 짐작할 수 있는 일이었다.

민가협 덕분에 꺼져 가는 목숨을 구하다

이러한 사회적 울림은 나의 감형에 대한 김대중 평민당 총재의 굳은 의지를 만들어냈다. 노태우 정권이 들어서고 '1노3김(1盧3金)'이 1988년 11월에 5공화국의 잘못을 해결하기 위해 '5공청산' 문제를 협의하는 중이었다. 전두환 전 대통령이 백담사로 유배를 떠난 그 시기였다. 노태우 대통령과 김영삼 민주당 총재, 김종필 공화당 총재는 5공청산 최종 협의안에 동의했으나 김대중 총재는 합의를 거부했다.

그러자 노태우 대통령이 그날 밤 김대중 총재에게 밀사를 보내 '어떻게 하면 합의를 하겠냐?'고 물었다고 한다. 김대중 총재는 그 자리에서 두 가지 요구 조건을 제시했다. 그중 하나가 나의 감형이었다. 노태우 대통령이 두 가지 조건 중 나의 감형만을 수용했고, 김대중 총재가 동의함으로써 '1로3김'의 5공청산 합의가 최종 타결됐다. 그리고 나는 곧바로 감형됐다.

민가협 어머니들은 군사독재 치하에서 견결한 투쟁으로 양심수 석방과 인권신장을 이루어내셨다. 그렇게 투쟁하시면서 사형 집행을 앞둔 양심수를 살려내는 기적도 만들어내셨다. 목숨이 바람 앞의 촛불처럼 위태로웠던 나는 어머니들의 구명운동으로 기적적으로 살아났다. 하늘보다 높은 민가협 어머니들의 은혜에 더없는 감사함을 느끼며, 나는 오늘까지도 어머니들께 깊은 존경심을 갖고 살아가고 있다.

* 김성만님은 1956년 서울에서 태어나 1981년 연세대 물리학과를 졸업한 뒤 1983년 미국 컬럼비아대학으로 유학을 갔다. 1983~1984년 헝가리, 동독 대사관을 방문해 민족문제를 토론한 이유로 1985년 구미유학생 간첩단 사건으로 체포됐다. 1986년 대법원에서 사형을 확정받고 사형수로 지내다 어머니와 민가협의 구명운동 덕분에 1988년 무기로 감형된 뒤 1998년 8.15 때 석방됐다. 구미유학생 간첩단 사건은 2021년 재심을 통해 36년 만에 무죄가 확정됐다.

자식을 지키려 함께 투사가 된 엄마들

이 춘(1985년 고려대 삼민투 사건으로 구속)

윤석열의 계엄이 엄마의 40년 전 기억을 소환시켰습니다. "어떻게 이룬 민주주의인데 역사의 바퀴를 거꾸로 돌리려고 하냐?"라고 분개하시면서 1989년 민추협(민주화추진협의회)에서 발행한 『민주화의 길목에 선 어머니들』이란 책을 불쑥 내밀었습니다.

처음에는 '언론은 왜곡보도 중지하라!'며 머리띠를 두른 엄마의 사진을 무심코 지나쳤습니다. 평상시 멋을 부리는 엄마가 화장기 없는 민낯으로 신명 난 듯 팔뚝을 들고 외치니 낯설 수밖에요. 엄마의 글 아래에는 '초기 어머니들의 활동을 이해하는 데 도움이 될 것 같아서 고려대 이춘 양의 어머니 이청자씨의 글을 전재한다'라고 쓰여 있네요. 저 역시 엄마의 글을 통해 민가협이 어떻게 시작됐는지 알 수 있었습니다.

저의 어머님은 1985년 7월 10일 결성된 '구학협(구속학생학부모협의회)' 초대 회장 이청자이시고, 그해 12월 12일 창립된 민가협 공동대표 중 한 분이십니다. 어떤 사회 활동을 한 이력도 없으신 평범한 엄마가 그런 중책을 맡게 된 것은 저의 구속으로 인해서였습니다.

구학협 초대 회장, 민가협 공동대표 이청자 어머니

저는 1985년 4월 고려대 민족자주수호분과위원장으로 전두환 방미를 반대하는 학내시위를 주도하고, 4월 23일 구로공단 대우어패럴노조 임금투쟁을 지원하러 갔다가 구로공단 고가도로에서 체포됐습니다. 집회·시위에 관한 법률 위반으로 재판을 받는 도중 삼민투의 민족분과로 시위를 주도했다는 이유로 국가보안법이 추가됐습니다. 1987년 7월에 나왔으니 2년 3개월의 옥고를 치렀습니다.

1985년, 고려대 삼민투 산하 민족자주수호분과위원장으로 '예속정권 타도하여 민족자주 수호하자'는 플래카드를 앞세우고 시위를 주도하는 이춘 씨(맨앞 메가폰 든 여학생). 이 때문에 이춘 씨는 2년 3개월의 징역을 살아야만 했다

그 기간 동안 엄마는 투사가 됐습니다. "군부독재가 끝나지 않으면 빈독재 민주화투쟁이 계속될 것이고, 그렇다면 구속자 수는 차츰 불어날 것이다. 오바라지만 한다고 될 일이 이니다. 그 대열에 동참하지 않으면 안 된다는 신념이 싹트게 됐다"라고 고백하셨습니다. 딸이 구속되자 엄마는 알게 됐습니다. 박정희 유신정권 치하에서 민주화운동을 했던 선배들은 고생이 많았다는 것을요. 합법적으로 노조를 만드는 것도 어려운 노동자들의 처지에도 눈을 떴습니다.

같은 처지의 학부모들끼리 아픔을 나누면서 내 자식뿐만 아니라 우리 아들, 딸을 위해 부모들은 무엇을 할 것이며 어떻게 할 것인지 고민했다고 합니다. 내가 구속된 지 얼마 되지 않아 '미문화원 점거 농성 사건'에 연루된 학부모님들에게는 든든한 선배의 역할을 했으며, 한국전쟁 이후 최초의 동맹 파업이었던 '구로동맹파업'으로 구속된 노동자들에게 울타리가 되려고 했습니다.

그렇게 구학협(구속학생학부모협의회)는 1985년 7월 10일 출범했고,

엄마는 초대 회장직을 수락했습니다. 엄마는 그때의 심정을 이렇게 고백합니다.

"전두환 군사독재정권의 서슬이 시퍼렇던 시절이었습니다. 민추협에 가 변호사 문제로 상의라도 하는 부모는 용감한 부모였습니다. 경찰이나 검사는 민추협이나 구속자 가족과 어울리면 자식들에게 불이익이 갈 것이라고 협박했습니다. 민추협에 드나드는 부모조차 아버지가 은행지점장이나 공직에 있으면 선뜻 회장직을 맡기를 꺼렸어요. 그래서 제가 맡게 됐죠. 불이익을 각오했습니다. 딸아이가 일찍 구속됐을 때 이런 단체가 있어야 한다는 것을 절감했기 때문입니다. 딸을 어떻게든 빼내려면 사람이 많이 필요했어요. 눈물짓고 근심하는 엄마와 아버지와 힘을 합쳐야 하잖아요. 두렵고, 조심스러웠으나 구속되어도 상관없다는 마음이 불끈 솟았어요."

구류 처분 받고 자식들처럼 갇힌 엄마들

구학협은 출범하자마자 연대를 넓혀갔습니다. 바로 다음 날인 7월 12일 NCC에서 민추협, 민청련, 한국기독학생연맹, 민통련 등의 단체와 함께 '학원탄압공동대책위원회'를 발족했습니다. 회장에는 박형규 목사님이, 부회장에는 김승훈 신부님과 오충일 목사님, 그리고 엄마가 선임돼 공동성명을 발표했습니다. 연세대에서 열린 '전학련 5차 대회'에 참가해서는 엄마가 직접 성명서를 낭독해 학생들에게 우레와 같은 지지와 격려의 박수를 받았습니다. 당연히 책임감이 더 무거워졌다고 합니다.

그리고 '미문화원 점거 농성 사건' 첫 재판에서 피고인이었던 학생들과 어머니들은 한마음으로 외쳤습니다.

"군부독재 타도하라!"
"애국학생 전원 석방하라!"
"어용검사 물러가라!"

구속 학생 석방을 요구하며 시위 중인 학부모들. 맨앞 줄에서 머리띠를 두르고 구호를 외치는 이가 '구학협(구속학생학부모협의회)' 초대 회장 이청자 어머니

재판이 중단되고 연기되자, 엄마들은 머리띠와 어깨띠를 두르고 거리 시위를 전개했습니다. 결국 20여 명이 연행됐고, 구류 처분을 받은 엄마들은 생전 처음 종로경찰서에서 갇혔습니다. 자식과 같은 처지가 된 것입니다. 엄마들은 자식들처럼 경찰서 안에서 구호를 외치며 투쟁에 돌입했습니다. 그것이 시작이었습니다. 엄마들을 잡아 넣기가 부담스러웠던 경찰은 꾀를 부렸습니다. 다음부터는 닭장차(전경버스)에 연행한 다음 서울 외곽의 허허벌판에 엄마들을 떨어뜨려 놓았습니다.

"온 국민과 엄마들이 너희들을 지켜줄게"

법정 소란을 일으켰다고 미문화원 점거 농성자 전원을 서울 구치소에서 금치 조치하자 학부모협의회는 항의하며 민추협 사무실에서 농성에 들어갔습니다. 9일간 농성을 계속하면서 학부모들의 열의는 점점 높아졌습니다. 신민당 종로구 당사에 들어갔던 성균관대 고진화 학생이 폭력 경찰에 연행되자 회원들은 신민당사로 찾아가 이민우 총재에게 정치인들의 소극적 태도에 항의했습니다. 9월 5일에는 미문화원 사건을 배후 조종한 용공좌경 이적단체 삼민투의 '괴수'로 수배된 고려대 총학생회장 허인회가 70일 만에 학교에 들어와 분신도 불사하겠다며 '범국민 시국토론회'를 개최할 때는 회원들을 비상 소집해 전 회원이 토론회에 참석할 것을 결의하고, 성명서를 낭독했습니다.

"우리도 옳고 그른 것을 가리는 양심을 지녔다. 아들, 딸을 지켜보는 마음은 예전의 그것이 아니다. 따뜻한 잠자리 포근한 사랑에 머무르지 않고 감옥을 선택할 수밖에 없는 것을 우리는 안다. 어느 누구도 이 역사의 도도한 흐름을 막을 수 없다. 아무리 민주화 투쟁이 고통스럽다 해도 용기를 잃지 마라. 여러분 뒤에는 온 국민과 우리 부모들이 너희들을 지켜줄 것이다."

사건은 봇물처럼 터졌습니다. 계속 학생, 노동자들이 연행되고 구속됐습니다. 민청련 김근태 의장 고문 폭로도 그때 있었습니다. 살인적인 고문, 용공 조작 사건이 잇따랐고, 교도소 내 민주화 투쟁으로 구치소와 교도소들이 한시도 조용할 날이 없었습니다. 엄마들은 법정으로, 경찰서로, 구치소와 교도소로 뛰어다녔습니다. 그러나 구속자 수는 계속 기하급수적으로 늘어났습니다. 그 과정에서 장기수, 학생, 노동자, 민청련, 재야, 유가족 등 군부독재에 항거하다 희생된 가족이나 투옥된 가족들까지 모두 합쳐 '민주화실천가족운동협의회(민가협)'를 1985년 12월 12일에 발족시키게 됐습니다.

더 오래도록 아픈 열사의 어머니들

엄마에게 그렇게 활동하는 기간 가장 인상적인 일과 기억나는 분에 대해 물었습니다. 박종철 고문치사의 어머니와 행방불명된 서울대 안치웅의 어머니였습니다. 박종철이 고문으로 죽었을 때 너무도 불쌍했다고 합니다. 남의 일이 아니라 내 아들과 딸이 고문으로 죽은 것처럼 억울하고 분했다고요.

안치웅은 1985년 구로동맹파업 지원 시위로 징역 1년형을 받았습니다. 그때 어머니는 안치웅 어머니와 아버지를 만나 가족과 같은 정을 나눴습니다. 그런데 1986년 석방 후 안치웅은 끊임없이 공안 사찰과 감시를 받다가 1988년 5월에 실종됐습니다. 유가족협의회에서 계속 활동하시는 안치웅 어머니를 뵐 때마다 애달파 하셨습니다. 연대의 흔적입니다. 연대는 더 아픈 사람과 더 오래 아픈 사람으로 흘러가야 합니다.

"떼로 겪는 난리는 난리도 아니다. 혼자 겪는 난리가 진짜 난리다."

돌아가신 할머니께서 한국전쟁을 겪으며 하시던 말씀입니다. 한국전쟁 당시 100만 민간인이 억울하게 죽었음에도 그 가족들은 하소연할 길이 없었습니다. "이러다 내 새끼들 다 죽는다"며 울부짖던 어머니들의 절규는 묻혔습니다. 오히려 빨갱이 가족이라고 돌팔매를 안 당하면 다행이었고, 억울한 죽음을 애도하는 슬픔조차 허용되지 않았습니다.

그 이후에도 이승만, 박정희 독재정권 하에 항거했던 사람들은 가족에게조차 '계란으로 바위치기다' '모난 돌이 정 맞는다'라며 비겁한 역사를 강요당했습니다. 그러나 폭풍처럼 성장한 민주화운동의 열기가 부모들을 변화시켰습니다. 당국의 관대한 처분만을 기다리며 눈물 흘리지 않게 된 것입니다. 더 이상 만만하고 호락호락한 부모님들이 아니게 된 것이지요.

자식들을 줄줄이 감옥에 보낸 김효순 시어머니

민가협 40주년을 앞두고 원고를 부탁받을 때 쓰려 했던 것은 저의 어머니가 아니었습니다. 한 번도 민가협을 드나든 적도 없고, 심지어 그런 단체가 있는 줄도 몰랐던 시어머님을 쓰고 싶었습니다. 1923년생이었던 김효순 시어머니는 일곱 아들을 키우느라 결혼 전에 벌써 허리가 굽으셨습니다. 1980년대에 다섯째부터 일곱째 아들까지 줄줄이 구속되고 수배되었지요. 학생운동, 노동운동으로 두 차례씩 번갈아 가며 어머니 가슴에 대못을 박고, 깊은 한숨을 쉬게 만들었습니다. 1980년대에는 흔한 사연입니다. 단지 시어머니는 아들을 많이 두셨을 뿐입니다.

시어머님과 같은 분이야말로 민가협이 존재했던 이유입니다. 민가협은 그분들에게 든든한 울타리였습니다. 우리의 민주주의는 어머니의 눈물을 딛고 한 발 한 발 전진했습니다. 그러나 내란 세력이 아직도 우리 사회 곳곳에서 건재합니다. 40년 전 민족자주를 외쳤으나 미국의 약탈은 점점 거세어지고 있습니다. 정권이 바뀌어도 사법과 자본의 벽은 여전하고, 언론은 여전히 자본과 권력의 편입니다. 물러 터진 우리와 달리 저들은 언제 역공을 펼칠지 모릅니다.

민가협이 40년 동안 걸어온 길은 불의에 저항하던 이들이 홀로 눈물 흘리지 않게 한 역사였습니다. 그러나 흘러가는 역사가 아닙니다. 오늘의 우리, 그리고 내일의 세대에게 남긴 약속입니다. 누군가 다시 홀로 울지 않게, 우리 모두 연대의 이름으로 함께하자는 약속. 나는 오늘, 그때의 엄마들에게 이렇게 말하고 싶습니다.

"당신들이 있었기에, 우리도 버틸 수 있었습니다."

* 이춘님은 1985년 고려대 삼민투 산하 민족자주수호분과위원장으로 전두환의 방미를 반대하는 학내시위를 주도하고, 구로공단 대우어패럴노조 지원 투쟁으로 구속됐다. 집회·시위에 관한 법률 위반으로 재판을 받는 도중 삼민투의 핵심 조직원으로 시위를 주도했다는 이유로 국가보안법이 추가되어 2년 3개월의 옥고를 치렀다.

양심수의 엄마와 아내 중 누가 더 힘들었을까?

안영민(1994년 구국전위 사건으로 구속)

나의 어머니(장수향)는 1985년 12월 12일 민가협 창립 당시 공동대표를 맡았다. 남민전 사건으로 무기형을 선고받았던 아버지(안재구, 전 경북대 수학과 교수)를 비롯한 남민전 구속자 가족을 대표해서였다. 1979년 10월에 터진 남민전 사건은 박정희 유신독재에 맞서 가장 치열하게 투쟁한 조직이었지만, 빨갱이, 간첩이란 낙인으로 석방운동을 벌이는 것조차 쉽지 않았다.

1975년 11월에 터진 재일동포 유학생 간첩단 사건도 마찬가지였다. 박정희 유신독재는 고국으로 유학 온 학생들을 간첩으로 엮었다. 잔인한 고문 수사의 결과물이었다. 이들 역시 간첩이란 낙인 속에 석방운동을 제대로 벌일 수 없었다.

'양심수'라는 호칭에서 큰 용기를 얻다

그때를 어머니는 생전에 이렇게 회상했다.

"민가협이 생기기 전만 해도 남민전이나 재일동포 유학생 사건 관련자들을 다른 구속자 가족들이 부담스러워했어. 우리는 순수하게 민주화운동을 했지만, 저들은 다르지 않냐는 말도 나왔지. 그런 인식을 없애준 게 민가협이었어. 민가협은 구속된 학생, 노동자, 재야인사뿐만 아니라 간첩이라 낙인찍힌 조작 사건 관련자들도 '양심수'로 규정하고 석방운동에 나섰지."

양심수 석방을 요구하며 농성 중인 민가협 회원들. 맨 오른쪽에 앉은 이가 민가협 초대 공동회장을 역임한 장수향 어머니

그런 민가협이 어머니에게는 의지처였다. 민가협에 나가면 위로가 됐고, 민가협과 함께 있으면 없던 용기도 절로 나왔다. 특히 어머니는 '양심수'란 호칭에서 큰 용기를 얻었다고 했다.

"민가협을 결성하면서 제일 먼저 구속자들의 명칭을 '양심수'라고 바꿨어. 그전에는 억울하게 감옥에 갇힌 사람이라고만 여겼는데, 자유를 빼앗기면서까지 지키고자 한 양심과 신념을 부각한 것이지. 처음 양심수란 말을 들었을 때, 나도 괜히 당당해지고 자신감이 생기더라."

어머니는 민가협과 함께 아버지의 석방운동에 적극 나섰다. 1987년 6월 항쟁을 거치며 양심수 문제는 민주화의 핵심 과제가 됐다. 양심수 석방을 요구하는 민중들의 거센 압박에 노태우 정권도 양심수를 석방할 수밖에 없었다. 1988년 12월이었다. 이때 아버지를 비롯한 남민전 사건 구속자와 재일동포 유학생 사건 구속자들도 모두 석방됐다.

엄마들이 앞장서고 젊은 아내들은 밀어주고

민가협의 선두에는 '엄마'들이 있었다. 모성을 앞세운 엄마들은 자식을 석방시키기 위해서라면 물불을 가리지 않았다. 안기부, 대공분실, 구치소, 교도소, 검찰청, 법무부 등 어디든 쫓아갔다. 가로막으면 길바닥에 드러누워 싸웠다. 엄마들의 투쟁은 곧 민가협의 상징처럼 되었다. 오죽하면 경찰들이 제일 두려워하는 존재가 민가협이 되었을까.

민가협에는 재야인사, 국가보안법 관련 사건, 조작 간첩 사건 등으로 잡혀간 양심수의 아내들도 많았다. 민가협 초창기에는 주로 젊은 아내들이 총무나 간사로 실무를 맡았다. 당시 민가협에는 유명한 '삼총사'가 있었다. 인재근(민청련 사건 김근태의 아내), 조무하(민통련 사건 장기표의 아내), 유시춘(서울대 민추위 사건 유시민의 누나), 이렇게 세 사람이었다.

이들은 투쟁을 기획하고 준비하면서 민가협을 꼼꼼히 챙겼다. 민가협이 결성 초기부터 빠르게 영향력을 확대해 나갈 수 있었던 데는 '삼총사'의 역할이 컸다. 엄마들은 거침없이 앞장서 싸우고, 젊은 아내들은 그런 엄마들을 뒤에서 열심히 챙기고 밀어주었다.

한날은 어머니가 다른 가족들과 이런 이야기를 나눈 적이 있었다고 한다.

'남편이 구속된 아내와 자식이 구속된 엄마 중 누가 더 힘들까?'

당시 어머니는 아내가 더 힘들다고 강조했다. 가장의 역할을 대신해야 하는 경제 문제, 자식들을 올바로 키우는 교육 문제, 남편에 대한 그리움과 옥바라지, 이 모든 걸 혼자서 감당해야 하는 아내의 신세가 더 고통스럽다고 했다. 그에 비하면 엄마들은 남편이 돈을 벌어다 주지 않는가, 자식의 감옥 뒷바라지에만 전념하면 되지 않는가, 이렇게 반박했다는 것이다.

남편 감옥 바라지에 애들까지 챙겨야 하는 고달픈 아내

교도소 항의 방문이나 농성 때 저녁이 되면 아내들은 발을 동동 구른다.

1988년 12월 27일, 연세대 대강당에서 열린 양심수 석방 환영대회에서 남민전 사건 석방자를 대표해 안재구 교수가 인사말을 하고 있다. 맨 왼쪽부터 남민전 사건의 이수일, 김병권, 김남주(시인), 박석률 선생이 보인다. 이수일 선생을 제외하고는 모두 세상을 떠났다.

빨리 집에 가서 애들을 챙겨야 하기 때문이다. 하지만 엄마들은 전혀 동요가 없다. 끝장을 볼 때까지 싸울 기세다. 결국 아내들은 하나둘씩 집으로 가고 엄마들만 남는 경우가 많았다고 한다.

"양심수의 아내들한테는 남편 감옥 뒷바라지보다 집에 있는 어린 자식들 챙기는 게 더 큰 문제였어. 대신 애를 봐줄 사람이 없으면 민가협 활동은커녕 남편 뒷바라지도 버거웠지. 그런 게 엄마들하고는 처지가 달랐어."

고달픈 아내의 처지는 어머니에게도 큰 짐이었다. 어머니는 1979년 10월에 아버지가 구속된 뒤, 한창 커가는 4남매를 홀로 키우느라 고생이 이만저만 아니었다. 그러니 당연히 아내가 더 힘들다고 말할 수밖에 없었다.

그런데 막상 어머니가 직접 당하고 나니 아니었다. 자식의 구속은 남편의 구속과는 비교가 안 됐다. 1990년 3월에 내가 시위에서 연행돼 구속된 일이 있었다. 아버지가 출소한 지 불과 1년여가 지난 때였다. 그때 어머니는 남편이 구속됐을 때와는 차원이 다른 고통을 느꼈다고 한다.

"남편이 구속됐을 때는 힘들다는 생각뿐이었어. 친척들도 외면하고, 경제적으로도 너무 힘들었으니까. 근데 아들이 구속되니까 그냥 아프더라. 몸도 마음도 정말 아프더라…."

남편의 구속은 고난(苦難)의 세월이었지만, 아들의 구속은 하루하루 고통(苦痛)의 날들이었다. 살을 베는 듯한 아픔이 뭔지 실감하게 했다. 그런데 1994년에는 국가보안법 위반으로 남편과 아들이 동시에 구속됐으니…. 아내와 어머니로서 겪어야만 했던 이중의 고통은 마음속 깊이 상처로 남았다.

자식의 구속은 차원이 다른 고통의 날들

구속된 남편을 10년 만에 간신히 감옥에서 끄집어냈더니 그다음에는 아들이 구속되고, 다시 몇 년 뒤에는 남편과 아들이 동시에 구속되는 경우는, 수만 가지 사연이 있는 민가협에서도 유일했다. 30년간 고난의 세월과 고통의 날들을 번갈아 하다, 끝내는 한꺼번에 겪어야만 했던 어머니는 2009년 1월, 일흔다섯의 나이로 세상을 떠나셨다.

어머니의 장례식에 오신 임기란 민가협 회장님께서 영정 사진을 보며 넋두리하시던 모습이 아직도 기억에 생생하다. 임기란 회장님은 어머니의 포항여중 선배로 민가협 활동을 하면서 각별한 정을 나누었다.

"수향씨, 고생만 하다 이렇게 떠나는군요. 남편 옥바라지에 아들 옥바라지까지, 또 남편과 아들이 함께 잡혀갔으니 얼마나 애통했을까. 이제 한 많은 세월 다 내려놓고 편하게 떠나세요. 민가협에서 함께 했던 날들을 나도 잊지 않을게."

어머니가 세상을 떠나고 2년여가 지난 뒤, 나는 다시 민가협의 신세를

졌다. 2011년 7월에 민족21 사건으로 국정원으로부터 압수수색을 받고, 국가보안법 위반으로 기소된 것이다. 나는 2018년 최종 판결이 나올 때까지 꼬박 7년을 시달려야만 했다. 그 세월 동안 민가협은 내게 다시 응원군이 돼 주었다. 세상을 떠난 어머니를 대신해 민가협 어머니들이 내 곁을 든든히 지켜준 것이다.

그리고 민가협 40주년을 맞는 2025년, 이번에는 내가 어머니들의 곁을 지키고 있다. 팔순 잔치도 못 하고 세상을 떠난 '장수향 어머니'를 생각하며 민가협 40주년 잔치를 준비하고 있다. 피 끓는 청년 시절 감옥살이를 한 우리는 사회로 나와 직장을 얻고, 결혼해 아이를 낳고, 그렇게 나이를 먹어 갔다. 사는 게 바쁘다고 민가협을 잊고 있는 동안 어머니들은 40년을 변함없이 그 자리를 지켜왔다. 이제는 잊고 있던 그 세월을 함께 돌아보고 되새겨봐야 하지 않을까. 내가 민가협 40주년 기념사업을 책임지려는 이유도 여기에 있다.

* 안영민님은 1991년 경북대 총학생회장을 역임했고, 학생운동 과정에서 구속과 수배를 반복했다. 1994년에는 구국전위 사건으로 아버지 안재구 교수와 함께 구속됐다. 출소 후 월간 『말』 기자와 『민족21』 기자로 활동했고, 2011년에 다시 국가보안법 위반으로 기소돼 재판을 받았다. 현재는 경북대 민주동문회 회장, 전대협동우회 회장, 사단법인 평화의길 이사장으로 활동 중이다.

연년생 두 딸의 체포와 그리운 민가협의 너른 품

황 선(1998년 한총련 방북대표 사건으로 구속)

용산경찰서, 남대문경찰서, 성북경찰서, 서초경찰서, 양천경찰서…. 연년생 딸들이 고등학교를 졸업하고 '한국대학생진보연합(대진연)'이라는 단체에서 활동하면서 최근 몇 해 사이에 연행된 아이들을 만나기 위해 쫓아다닌 경찰서다. 그야말로 사방팔방이다.

올해만 해도, 다양한 수작으로 윤석열의 내란을 비호하는 미국에 항의하다 미대사관 앞에서, 유력 대선주자에게 유죄취지 파기환송으로 대선에 개입하려 한 조희대에게 항의하다 대법원 현관에서 체포 연행됐다는 소식에 뛰어다녀야 했다.

연년생 두 딸의 체포 연행 소식

체포, 구금, 영장실질심사…. 이런 일들이 나의 일이 아니라 자식의 일이 되니, 훨씬 마음이 복잡했다. 한편으로는 대견스러우면서도, 한편으로는 미안하고 근심스러웠다. 어머니, 아버지의 삶과 인생관을 인정하는 것을 넘어 그것을 이어간다는 것은 그 자체로 엄청난 인정과 존중이라 정말 고마웠지만, 동시에 미안한 마음도 컸다.

그 미안함은, '우리의 투쟁이 부족해서 이렇게 험한 일을 당하게 한다'라는 그런 것만은 아니었다. 하필 '윤석열'이라는 이 시대 가장 저질스러운 정치검사 부부에게 정권을 내준 아둔한 세대의 죄책감도 아니었다. 애초에 수배자와 결혼하고, 수배와 감옥살이를 끝낸 남편이 집에 돌아온 것은 아이들이 10살 남짓 되었을 때였다. 사춘기 초입에는 집 앞까지 기자들이 진을 치고 종북몰이를 해대더니 엄마가 구속되는 일을 당하기도 한 아이들이었다. 아이들이 피해의식에 지배당하지 않기를 바라는 것만도 내겐 제법 큰 기도였다.

2025년 10월 11일, 트럼프 미국 대통령의 관세 압박 정책에 반대하는 시위에 나선 대진연 학생들. 황선 씨의 연년생 두 딸은 대진연 활동으로 여러 차례 경찰에 연행되기도 했다.

'너희에겐 투쟁하지 않아도 되는 그런 좋은 세상을 물려줄게'라는 허튼 소망, 자만심 가득한 소망은 없었다. 제 시대에 필요한, 제 몫의 투쟁을 하는 것이 역사적 개인의 사명이다. 이 책임감을 알아 억울함 없이 투쟁하며 보람 있게 살기를 바랐다. 그랬으니 유치장에 갇힌 아이들을 보며 든 미안함은 투쟁하게 해서 미안한 마음이 아니라, 그 투쟁을 안아주고 보듬어 줄 여력이 없는 우리 세대에 대한 미안함이었다.

남편의 세 차례 구속, 나의 세 차례 구속을 견뎌낸 힘

1970년대에 태어난 여성으로 수배와 감옥생활을 반복하면서도 생활의 행복과 활동의 가치를 하나도 유실하지 않고 해올 수 있었던 것은 내 삶의 안팎에 '어머니'들이 계셨기 때문이었다. 안으로는 우리 부부의 삶을 이해하고 어떻게든 도와주시려는 양가의 어머니가 계셨고, 밖으로는 진보단체 원로 선생님들, 특히나 민가협 어르신들이 계셨다. 집 밖의 어머니셨다.

남편의 세 차례 구속도, 나의 세 차례 구속도, 별일 아닌 듯 부딪히고, 견디고, 마침내 무탈하게 지나쳐 온 것은, 유치장-구치소-교도소로 인간

세상 막장이라면 막장일 곳으로 옮겨 앉는 내내 따라다니며, 죄수복을 입은 내게는 응원과 지지를 보내고, 제복을 입고 법복을 입은 저들에게 호령하고 혼쭐을 내던 카랑카랑한 어머니들이 계셨기 때문이다.

생각보다 더 춥고 옹색한 독방에 내던져졌을 때, 아닌 척해도 내심 떨리고 주눅 들어 하던 나에게 접견실에 찾아오신 민가협 어머니들은 이렇게 말씀하셨다.

"아무 죄 없다. 장하다. 네 뒤에는 우리가 있고, 민족이 있으니 걱정하지 말라."

이렇게 단단히 일러주신 덕에 나는 마음이 느긋해지고 배포가 생겼다. 그런 특혜 속에 자란 우리와 달리, 우리 자녀 세대에는 학생운동도 드물고, 원로도 드물다. 그 옛날 어둑한 접견실에서 큰 소리로 힘과 용기를 주시던 어머니들은 이미 돌아가셨거나 여든 줄, 아흔 줄의 연세로 거동이 어려우시다.

국가보안법 피해자, 민가협의 수혜자

2030의 자녀를 둔 우리 세대가 그때 그분들처럼 밀어주고 내세워주고 아낌없이 보듬어줘야 하는데, 우리는 아직도 마냥 '어머니'가 그립다. 아직도 나름의 짱돌과 꽃병을 들고 거리를 헤매고 있다. 누군가의 뒷배가 되고 누군가를 아늑하게 하는 품이 되기에는 여력이 없다.

그래서 미안하다. 어머니들을 고생시킨 세대, 어머니를 여의고, 아직 어머니 노릇을 할 처지는 못 되는데, 아직도 시대는 국가보안법도 집시법도 족쇄인 시대. 어미를 보고 배운 후대들은 겁 없이 '투쟁의 한 길로' 내달린다. 유혹이 더 많고 각박한 시절이라 어쩌면 더 외로울 오늘의 젊은이들이, 큰 박수를 받았던 선배 세대보다 더 뜨겁게 민중을 믿고 사랑하는 것을 보면 미안하다.

좀처럼 열리지 않는 경찰서 유치장 담벼락을 향해 아이들의 석방을 호

2008년 2월 28일, 황선 씨가 어린 두 딸과 함께 국가보안법 폐지 시위에 참석해 남편(윤기진)의 석방을 요구하고 있다. 20년이 흘러 두 딸은 부모의 뒤를 이어 학생운동에 적극 참여해 여러 차례 경찰에 체포되기도 했다.

소할 때마다, 한 어머니일 뿐인 나는 '민가협'을 생각한다. 그때, 우리에게는 민가협이 있어서 얼마나 좋았던가! 그때, 우리 가족들도 민가협이 얼마나 힘이 되었던가! 국가보안법 피해자였지만, 민가협의 수혜자였던 나와 우리 가족이었다.

지금도 나와 딸들이 촛불 현장과 미대사관 앞 농성장을 늘 서성이는 것은 그 옛날 받았던 응원 덕분이기도 하다. 그런 어머니들을 제대로 모시지 못하는 자식들이자, 자녀에게는 우리가 받은 따뜻한 사랑을 채 전하지 못하는 중간세대로서 늘 내적 갈등이 상당하다.

민가협을 대신해 경찰서 앞을 지켜준 촛불 시민들

그런데 언제부턴가 그런 민망함과 부끄러움을 도닥여주고 빈자리를 채워주는 분들이 나타났다. 부랴부랴 아이들 옷가지를 싸 들고 유치장으로 면회를 갈라치면, 그 앞에 이름도 모르는 촛불 시민들이 나보다 먼저 도착해 기다리고 있었다. 학생들을 석방하라고 외치는 것도, 아이들이 나올 때까지 카메라를 켜고 밤을 지새며 기다리는 것도, 꽃을 사 들고 달려오는 것도, 농성장에 밥을 해 나르는 것도, 혈육이 아니라 촛불과 응원봉으로 하나 된 촛불 시민들이었다.

그렇게 민가협의 정신은 새로운 촛불에까지 깊고 넓게 뿌리 내리고 있었다. 그러고 보면 민가협 정신이란 홍익인간, 상부상조, 측은지심…, 가장 아름답고도 당연한 인지상정의 총합이 아닌가. 여전히 '우리는 언제 민가협 어머니가 되어 우리 후대들에게 힘이 될까?' 초조하지 않은 것은 아니지만, 우리의 어머니 '민가협'은 어디에나 '맹렬하게!' 뿌리 내리고 있는 것이다.

그래서 나는 오늘도 나지막이 외치며 다짐한다.

'어머니의 마음으로 단단히 무장하고 투쟁하자.'

* 황선님은 현재 함께만드는통일세상 평화이음의 이사로 있다. 1998년 한총련 방북대표 건으로, 2001년 옥중서신 건으로, 2015년 재미동포 신은미 선생과의 통일대담 건으로 세 차례 구속됐고, 그때마다 민가협 어머니들의 지지와 도움을 받았다. '한국대학생진보연합(대진연)'에서 활동하는 그의 두 딸도 여러 차례 경찰서에 연행됐지만, 민가협 어머니들을 대신한 촛불 시민들의 응원으로 풀려나기도 했다.

1986년 2월 20일, 민가협 회원들이 양심수 석방을 요구하며 한국기독교교회협의회(KNCC) 인권위에서 농성을 시작했다.

4장

나의 민가협 : 40주년 기념 인터뷰

"억울한 아들, 딸들,

남편과 아내, 형제, 자매의 이름을 부르며

눈물로 거리를 채우던 그날들,

두려움 속에서도 진실을 향한 발걸음을 멈추지 않았던 시간 속에

'나'는 민가협과 함께 있었고, 민가협은 곧 '나'의 삶이 되었습니다."

"그 길 위에서 우리는 서로의 상처를 끌어안으며,

고통을 연대로 바꾸는 법을 배웠습니다."

권낙기 선생
구술 기록

권낙기 선생

1946년 경북 봉화 출생. 1972년 통혁당 사건으로 온 가족이 구속되었고, 선생은 징역 10년을 선고받았습니다. 형기 만료 뒤에도 사회안전법 적용으로 1988년까지 수감 생활을 이어가야 했습니다. 출소 후에는 비전향장기수들의 모임 '통일광장' 대표를 맡아 자주통일운동에 헌신했고, 장기수들의 북측 귀환을 성사시키는 데 큰 역할을 하셨습니다.

보안관찰법 폐지와 사회안전법 시기

"나는 1970년대 국가보안법 위반으로 복역한 뒤, 사회안전법으로 장기간 보안감호소에 수용되었다가 1989년 보안관찰법이 폐지되면서 출소했어요."

"고법에서 10년으로 떨어지고. 대전, 광주, 전주에서 만기를 마치고도 출소를 못했죠. 1975년에 사회안전법이 나와 청주 보안감호소에서 8년을 살았어요."

전향서 강요와 어머니의 면회

"저놈들이 우리 엄마 보고 특별 면회를 시켜 줄 테니까 전향서 쓰게 하면 바로 내일 보내 준다 했어요. 엄마가 '낙기야, 그 전향서…' 하는 거에

요. 그래 내가 '엄마, 시끄럽다.' 하고 소리 팩 질러버렸죠."

"엄마가 '내한테 보약이 따로 있나? 니 건강하면 그게 내 보약이다.' 그러고는 5만 원을 넣었더라고요."

어머니들의 헌신과 민가협의 탄생

"내 엄마라고 하기보다도 민가협 어머니 같은 그 여성들, 어머니들이 갖는 표현이죠. 아버지는 죽었다 깨어나도 그런 표현 못 해."

"어머니들이니까. 내가 민가협을 봤지마는 종석이 엄마도 그렇고 조성우 엄마도 그렇고, 어머니들이 보면 달라요."

6월 항쟁 이후의 석방 운동

"서준식이가 일본에서 석방운동을 해서 나와 가지고 이걸 퍼뜨린 거예요. 나는 6월 항쟁 제일 덕 본 사람들은 보안감호소에 있던 우리 장기수들이라고 봐요."

"서준식이가 나와서 민가협 장기수가족협의회 회장을 했죠. 글도 쓰고 강연 다니고 바람을 불러일으켰지."

장기수가족협의회와 민가협의 구조

"민가협은 5개 협의체가 이루어졌는데, 학부모협의회, 노동자협의회, 장기수가족협의회, 양심수후원회 등으로 구성되었어요. 공동의장이 있었고, 나는 장기수가족협의회 회장이었죠."

시대 변화와 조직의 쇠퇴

"시대가 바뀌다 보니까 구속자가 줄어들고, 회원이 없어지니까 노인네들 돌아가시고 자꾸 조직이 찌그러지지. 나중에 양심수후원회가 빠져나가면서 운영비도 휘청거렸죠."

출소 장기수들의 거처 '만남의 집' 마련

"조무하 씨가 앞장서서 전셋집을 만들었어요. 출소는 하긴 해야 하는데 갈 데가 없는 사람은 주로 양로원으로 보냈는데, 거기서 장기수 선생들을 빼냈죠."

"봉천동에도 집을 마련해서 장기수들을 모셨고, 나중엔 낙성대 만남의 집으로 옮겼죠."

"장기수 거처 마련과 석방운동에서 민가협이 큰 역할을 했어요. 첫 단추를 민가협에서 꿰었죠."

장기수 송환과 사회적 역할

"1998년 장기수들이 대거 석방된 뒤 송환운동이 벌어지면서 일부 장기수는 북으로 송환되었고, 남은 이들은 다시 이 사회에서 자신들의 역할을 찾아야 했어요."

"좋은 품성을 보여주자. 그게 바로 우리가 해야 할 통일사업이다. 그냥 나가서 지르는 게 아니라, 대중이 공감할 수 있는 언어로 해야 한다고 봤어요."

민가협 어머니들의 투쟁

"어머니들하고 대전교도소 갔는데 면회를 안 시켜주니까 접수처를 그냥 다 때려 부수더군요. 치마 입고 철문 타고 넘어가겠다고 해서 교도소 직원들이 뛰어나왔죠."

"장기수니 양심수니 할 것 없이 어머니들의 투쟁이 민가협이었죠."

'어머니'의 힘과 상징

"엄마들이 치마 입고 소리 지르고 하면 손도 못 대요. 그게 이 사회 유교 문화 속에서 어머니 이미지가 있으니까."

"그 힘은 학습했다고 해서 되는 게 아니에요. 순전히 아들이 감옥 간 그 절절한 마음에서 시작된 거지. 그 속에서 서로 힘이 되어버린 거죠."

민가협 어머니들의 품성과 겸손

"민가협 엄마들 보면 말로만 겸손한 게 아니라 실제 겸손했어요. 기자회견을 해도 앞에 안 나서고 뒤에 빠지고. 남자들은 앞에 나가 폼 잡지만, 엄마들은 달랐죠."

"자기 허영심, 정치적 허영심이 일절 없었어요."

비전향 장기수에게 민가협의 의미

"감옥 안에 있을 때는 민가협이 뭔지 잘 몰랐어요. 석방운동 한다는 이름만 들었지. 나와서 보니까 대단하다기보다 훌륭하다는 생각이 들었어요. 겸손과 헌신, 희생 속의 어머니들이었어요."

기억에 남는 민가협 어머니들

"임기란 엄마는 여걸이면서도 감성과 감수성이 세세한 부분까지 베풀었죠. 그게 민가협 어머니들의 힘이에요."

"국회의원이고 뭐고 관계없어. '왜 석방 안 시키냐'고 딱 밀어붙이는 분이었죠."

후배들에게 전하는 말

"후배는 선배 눈 밖에 나면 발전이 힘들고, 선배는 후배 눈 밖에 나면 존재가 힘들다. 결국 운동의 본질은 당위성도 사상성도 아니라 사람 됨됨이입니다."

"어머니가 자식을 사랑하듯, 그런 마음으로 세상을 대해야 합니다."

권오헌 선생
구술 기록

권오헌 선생(1937~2025)

1964년 통일사회당 활동을 시작으로 유신독재에 맞서 싸우다 남민전 사건으로 옥고를 치렀습니다. 1983년 출소 이후 40여 년 동안 민주·통일·인권운동의 현장을 지키며, 민가협과 양심수후원회에서 양심수 석방과 국가보안법 철폐, 비전향장기수 지원과 송환 운동에 헌신했습니다. '양심수의 벗, 영원한 통일운동가'로 존경을 받았습니다.

민가협의 창립과 초기 활동

"원래 민가협이 1985년 12월에 발족했는데… 청년민주인사가족협의회, 장기복역양심수가족협의회, 노동자농민구속자가족협의회, 재일동포구속자가족협의회, 유가족협의회, 이렇게 다같이 민가협을 함께 했어요."

"그때 나는 장기수 가족협의회 후원자로 활동했어요. 경찰서, 검찰, 교도소 다니며 항의하고 석방 요구하는 게 그때 투쟁 방법이었지요."

양심수후원회 창립과 본격 활동

"1989년 3월 17일 양심수후원회를 발족시켰죠. 초대 회장은 문익환 목사님이셨고, 나는 운영위원이었어요."

"문익환 목사님이 평양에 가시면서 실질적 회장 역할을 못 하셨고, 그 뒤로 내가 회장을 맡아 수십 년간 계속했죠."

양심수 석방운동의 시작

"나도 남민전 사건으로 감옥살이를 하면서 양심수들하고 관련 있었어요. 이때부터 억울하게 갇혀 있는 사람들을 석방하는 것, 국가보안법 철폐 운동이 머릿속에 박히게 됐죠."

민가협 어머니들과의 연대

"그 가족들이 석방운동을 하러 다니는데 나는 눈에 띄지 않게 함께 다니며 조력했어요. 양심수후원회 발족 전엔 회원은 아니었지만, 민가협 어머니들과 늘 같이 다녔습니다."

목요집회의 시작과 의미

"김영삼 정권이 양심수 석방과 국가보안법 철폐를 공약했지만 안 지켰어요. 그래서 '약속을 지켜라'는 요구로 목요집회를 시작했죠. 국가보안법이 폐지되기 전에는 끝내지 않겠다는 뜻으로 계속했습니다."

민가협과 함께한 투쟁의 기억

"속리산 수련회 때 민가협 어머니들과 꼭대기까지 올라갔어요. 어머니들은 투쟁할 땐 투쟁하고, 또 잘 놀 줄도 아는 분들이었죠."

장기수 석방과 송환운동

"1989년에 양심수후원회를 만들어 1999년까지 비전향 장기수 270명을 다 석방시켰어요. 2000년 9월 2일, 63명이 1차로 북으로 송환됐죠. 내 생애에서 가장 보람된 일이었습니다."

양심수라는 이름으로

"수십 년 감옥에 갇혀 있으면서도 정치적 신념과 양심을 지켜왔기 때문에 양심수라고 했습니다. 그 규정이 국제사면위원회까지 받아들였어요."

고문경찰 이근안 추방운동

"이근안을 잡기 위해 현상금을 걸기도 했어요. 결국 잡혔죠. 김근태 씨가 고문 피해를 폭로하며 싸웠습니다."

민가협과 양심수후원회의 의미

"민가협은 내가 사회운동을 시작한 계기였어요. 양심수후원회는 정의롭고 인권이 존중되는 사회를 지향하며 지금도 활동하고 있습니다."

후대에게 전하는 말씀

"양심수도 국가보안법도 없는 자주통일시대를 이루자. 자기 이익보다 공동의 선을 위해 협력하는 자세가 필요합니다."

김정숙 어머니 구술 기록

김정숙 어머니

1940년생입니다. 아들 임종석(당시 한양대 총학생회장, 전대협 의장)이 1989년 1월 13일 농민집회 연설로 수배되자, 어머니는 같은 해 1월 20일 민가협과 인연을 맺었습니다. 이후 전국 교도소를 항의 방문하며 재소자 인권 보장과 처우 개선에 힘썼고, 그 과정에서 가장 큰 보람을 느끼셨다고 회고하셨습니다. 1992년과 1998년에 민가협 상임의장을 역임했고, 36년째 민가협 활동을 이어오며 민주주의와 인권, 평화통일을 위해 꾸준히 헌신하고 계십니다.

민가협과의 첫 만남

"89년 1월 13일, TV를 보는데 우리 종석이가 여의도 농민집회 단상에 올라서더라고요. 그날부터 내 인생이 달라졌어요."

"그때 민가협에서 전화가 와서 나가게 됐어요. 학생 엄마로서 그냥 뛰었죠."

'내 아들'에서 '우리 아들'로

"그때는 내 아들만 보였는데, 민가협 나가고 나니까 네 아들, 내 아들이 없어져 버리더라고요."

"내 아들이 나라를 위해 일한 사람이라니, 내가 그런 아들을 낳았구나

싶어서 자랑스러웠어요."

가족의 연대와 변화

"남편은 처음엔 반대했어요. 그런데 나중엔 아들보다 더 미치게 뛰어다녔어요."

"그래서 우리 집은 편했어요. 다른 엄마들은 남편 때문에 울었지만, 우리는 같이 싸웠어요."

거리의 학교, 투쟁의 현장

"밤인지 낮인지도 모르고, 교도소면 교도소, 경찰서면 경찰서 다 쫓아다녔어요."

"면회시키라고 농성 105일도 했어요. 밥 먹는 것도, 자는 것도 사치였어요."

"경찰 군홧발에 맞아 머리를 다쳤지만 누워 있을 수가 없었어요. 해야 하니까."

이근안 추방 운동

"이근안 잡으러 종이옷 입고 전철 타고 다녔어요. 못 잡는 게 아니라 안 잡는 거라고 생각했어요."

"재판장 앞에서 물병 들고 기다렸는데, 이근안이가 우리가 무서워서 지하로 숨더라고요."

비전향 장기수 석방운동

"전엔 간첩이 무섭고 나쁜 사람인 줄 알았어요. 그런데 장기수 선생들 만나고 알았어요."

"내가 몰랐습니다. 정말 미안합니다. 그 말씀밖에 안 나왔어요."

"민가협이 처음으로 면회 갔다고 하시더라고요. 그때부터 영치금도 넣어드렸어요."

목요집회의 시작과 지속

"93년 9월 13일부터 했어요. 그해 12월까지만 하자고 시작했는데, 20년 넘게 했지요."

"양심수를 안 내놨으니까, 우리가 멈출 수가 없었어요."

깨어난 눈, 바뀐 세계

"민가협 덕분에 감았던 눈을 떴어요. 옳고 그름을 구분할 줄 알게 됐어요."

"북에 가보니 '우리가 왜 남한하고 싸웁니까?' 하는 말에 마음이 뒤집혔어요."

"전엔 좋은 사람도 나쁘다고 믿었는데, 이제는 내 눈으로 봐요."

어머니의 힘과 여성의 자리

"민가협 엄마들은 여성이 아니에요. 엄마예요. 엄마니까 목숨을 내놓을 수 있었어요."

"나는 여성들이 사회에서 앞장서는 게 좋다고 생각해요. 왜 달라야 해요? 똑같이 키웠는데."

생각나는 어머니, 임기란 어머니

"임기란 어머니는 대단한 분이었어요. 밥을 싸 들고 다니면서 학생들 영치금 넣어주고, 자기 돈 다 써가며 다녔어요. 그분 보면서 '아, 남의 자식에게도 마음을 쓸 수 있구나' 배웠어요."

한 인간으로서의 성장

"나는 우리 아들 덕에 공부도 하고, 옳고 그름을 배웠어요."

"이제는 구조조정하지 말라고 내 아들들한테 말해요. 다 같이 살아야 해요."

"민가협 하면서, 나 혼자만 잘 사는 건 의미 없다는 걸 알았어요."

나에게 민가협이란

"나에게 민가협은 모두예요. 눈을 떠줬고, 나를 사람답게 만들어준 곳이에요. 내가 아들 덕에, 민가협 덕에 세상을 알게 됐어요."

"이제는 내 자식만이 아니라, 다 같이 살아야 된다고 생각해요. 그래서 나는 우리 아들한테 말해요. 너 덕에 엄마가 세상을 배웠다."

김정은 어머니와 딸 임수경 구술 기록

김정은 어머니와 딸 임수경

김정은 어머니는 딸 임수경의 구속 이후 민가협과 함께하며 국가보안법 철폐와 양심수 석방 운동에 힘을 보태셨습니다.

임수경은 민간 통일운동 활성화를 위해 전대협 대표로 1989년 평양에서 개최된 열린 제13차 세계청년학생축전에 참석했고, 그 일로 3년 4개월의 옥고를 치렀습니다. 출소 후에는 6년간(1993~1998) 민가협 목요집회 사회를 맡아, 국가보안법 철폐와 양심수 석방을 위해 혼신의 노력을 이어갔습니다.

어린 시절과 성장

"나는 태어나기는 전라남도 광양, 옥룡면 율천리에서 태어났어요. 초등학교 1학년 때, 여덟 살 때 목포로 이사를 오게 됐고 목포 서부 국민학교를 다녔어요. 초등학교 3학년 때 해방이 됐죠."

젊은 시절과 직장생활

"젊었을 때 한국은행 다녔다니까요. 그때 화폐 개혁이 있었어요. 전국에 화폐 개혁이 있어 갖고, 돈 세는 데는 내가 박사야."

민가협과의 인연

“우리 수경이 때문에 민가협을 알게 됐고, 또 사무실에도 나가게 됐어요. 내가 조금 활발하고 야무져서 외국 기자들이 와도 나하고만 인터뷰하려고 하더라고요.”

딸의 구속과 석방운동

“딸을 보면 그냥 무너지지요. 한번은 면회를 안 시켜준다고 해서 소장이 화장실 가는데 따라가서 오줌도 못 싸게 했어요. 그렇게 끈질기게 했어요.”

“학생들이 다치면 안경, 시계값 다 받아줬어요. 그 자리에서 돈을 뺏어서 학생들 보상해줬어요.”

전국 강연과 연대활동

“전국 대학교 다니면서 ‘백만 학도 여러분, 사랑합니다!’ 하면 박수가 산울림처럼 울렸어요.”

“통일하도록 한 청춘을 바친 내 딸을 위해서 우리 꼭 통일을 이룩합시다, 그렇게 말했어요.”

투쟁 현장의 기억

“나는 경찰 가족이었지만 사납게 싸웠어요. 싸움 잘했지요.”

“다른 엄마들처럼 순하지 않았어요. 아주 사납게 했어요.”

임수경님 회고 - 감옥과 투쟁의 세월

“감옥에 갔더니 동지들이 있었어요. 책도 많이 보고, 지금 생각하면 그때가 오히려 차분했어요.”

“민가협 어머님들의 석방 투쟁은 너무 고마웠어요. 우리는 정말 목숨 걸고 투쟁했어요.”

목요집회와 '양심수를 위한 시와 노래의 밤'

"93년부터 98년까지 탑골공원 앞 목요집회 사회를 제가 봤어요. 눈이 오나 비가 오나 했지요."

"연말에는 장충체육관에서 '양심수를 위한 시와 노래의 밤'을 대규모로 열었어요."

장기수 석방운동과 국제 연대

"청주여자교도소는 옛 보안감호소였어요. 나와서 장기수 선생님들 송환 운동을 했어요. 고봉희 할머님 같은 분들과 함께 석방 투쟁도 했지요."

임기란 어머니에 대한 기억

"어머니는 풍채도 좋으시고 목소리도 크셨어요. 임기란 어머니가 계시면 진 적이 없었어요."

"그 어머니들이 우리를 지켜준 성벽 같았어요."

민가협의 의미와 세대의 과제

"민가협은 내 자식을 위해 만들어진 모임이었지만, 깨어 있는 시민의 힘으로 발전했어요."

"민주주의가 완성되면 민가협은 없어져야 하지만, 여전히 미완의 민주주의 속에 존재해요."

세월의 흐름 속에서

"그 아들딸들이 감옥에 있는 엄마들이 참 안쓰럽고 고생했어요. 도둑질한 것도 아닌데 감옥에 있으니 안쓰럽기만 했지요."

"이제 다 나이 들고, 나도 90인데…. 그래도 그때가 아직도 생각나요."

문영금
문영미
구술 기록

문영금

문익환 목사와 박용길 장로의 딸인 문영금님은 캐나다에서 한국 민주화운동을 지원하는 활동을 하다가 1989년 부친의 석방 운동을 위해 귀국했습니다. 현재는 부모님의 민주·인권·평화·통일운동의 뜻을 잇고자 노력해 왔으며, 현재 '문익환 통일의집' 관장으로 활동하고 있습니다.

문영미

문동환 목사와 문혜림 여사의 딸인 문영미님은 연세대를 졸업한 뒤 〈이한열 열사 기념사업회〉 학예실장을 역임했고, 현재는 부모님의 민주·인권·평화·통일운동의 뜻을 이어 〈늦봄문익환기념사업회〉 이사로 활동하고 있습니다.

가족의 민주화운동 참여

"저는 문익환 목사, 박용길 장로 딸 문영금입니다. 지금은 문익환 기념사업회 이사이면서 문익환 통일의 집 관장으로 있습니다."

"부모님이 활동하실 때 대부분은 캐나다에 있었어요. 거기서 구속자들을 위한, 한국의 민주화를 위한 활동을 많이들 하셨을 때 같이 참여를 했고요."

"1989년 문익환 목사 방북 사건 재판 과정에 들어와서부터는 어머니 아버지 하시는 일을 같이 돕기도 하고, 민가협 어머니들과도 가깝게 지냈습니다."

해외에서의 민주화 지원 활동

"박용길 장로는 1950년대부터 여신도회 임원으로 활동하셨고, 문익환 목사님도 인혁당 사건 때부터 참여하셨습니다."

"저는 1974년에 캐나다로 갔는데, 캐나다 교회가 한국 민주화에 관심이 많았어요. 이상철 목사님, 김재준 목사님 등과 함께 토론토에서 시위도 하고, 기도회와 모금운동도 하면서 해외 언론을 통해 한국의 민주화운동을 알렸습니다."

"몸은 캐나다에 있었지만 마음은 늘 한국에 와 있는 것 같았어요."

1970년대 구속자 가족운동과 여성들의 투쟁

"저는 문동환 박사와 문혜림 여사의 딸 문영미입니다. 1970년대 부모님의 구속과 투쟁 과정을 어린 시절부터 지켜보며 성장했습니다."

"1976년 3·1 민주구국선언 사건으로 아버지가 감옥에 가시면서 부인들이 거리에서 투쟁을 시작했어요. 그때부터 보라색 옷과 십자가를 상징으로 시위를 하셨는데, 그 색이 고난과 부활을 의미하는 기독교의 상징이었죠."

"국내 언론이 모두 검열돼서 방청권을 불태우고, 밖에서 보라색 한복과 숄을 두르고 투쟁하셨습니다. 외신을 통해 세계로 알려지면서 해외의 연대도 생겨났습니다."

해외 연대와 교회의 역할

"어머니(문혜림 여사)는 미군 부대 상담가로 일하면서 미군 우편망을 통해 해외에 정보를 보냈습니다. 당시 한국 정부가 검열할 수 없었기 때문에 민주화운동 소식을 자유롭게 전달할 수 있었죠."

"또 선교사들이 해외로 전달한 편지와 자료 덕분에 세계 교회와 언론이 한국의 민주화운동을 알게 되었습니다."

갈릴리교회와 교회의 품

"갈릴리교회는 1975년 해직 교수들이 만든 교회로, 구속자 가족들이 모여 위로받고 정보를 나누던 곳이었습니다."

"예배보다 사연을 나누고 울고, 서로 손잡는 시간이 많았죠."

"문익환 목사님이 감옥에 자주 가시면서도 교회를 이끌었고, 그 공백을 박용길 장로님과 이해동 목사님이 채우셨습니다."

박용길 장로와 문익환 목사의 민가협 정신

"문익환 목사님은 분단의 희생자들을 안타깝게 여기셨습니다. 간첩으로 몰린 장기수 어른들도 민족의 비극 속에서 고난받은 분들이라며 품으셨습니다."

"박용길 장로님은 늘 조용하지만 끝까지 자리를 지키며 기도로 힘을 주셨습니다. 나서지 않으시면서도 모든 이들을 따뜻하게 감싸 안으셨습니다."

어머니들의 투쟁과 민가협의 결성

"1985년 12월 민가협이 만들어질 때, 박용길 장로님과 문익환 목사님의 역할이 컸습니다."

"학생 구속자 어머니들이 국가보안법으로 구속된 양심수 가족과 만나면서 시야가 넓어졌고, 편견이 깨졌습니다. 그 배경에는 두 분의 신앙적 포용과 '분단의 희생자'라는 인식이 있었습니다."

세대의 계승과 지속된 연대

"박용길 장로님은 80, 90이 되어도 집회 현장에서 맨 앞줄에 서셨습니다. 노인이 큰 영정을 들고 시위하셨고, 젊은이들이 감히 뒤로 물러설 수 없었죠."

"그래서 민가협이 40년을 이어올 수 있었던 겁니다. 어머니들은 자식이 석방돼도 '민가협 어머니'로 남았습니다."

민주화운동의 기억과 민가협의 의미

"민가협은 단순한 옥바라지 단체가 아니라 민주화운동의 주체가 됐습니다. 박용길 장로님과 문익환 목사님이 신앙과 인권, 평화를 함께 실천하셨기 때문에 가능한 일이었죠."

"민가협은 어머니들의 신앙, 희생, 사랑이 모여 만들어낸 역사입니다."

민가협 40주년을 맞이하며

"민가협은 민주주의 발전의 큰 원동력이었습니다. 이제는 그 역사를 기록하고, 다음 세대가 배울 수 있게 남겨야 합니다. 이름 없이 싸운 여성들과 어머니들의 이야기가 민주주의의 뿌리였다는 걸 잊지 말아야 합니다."

"통일의 집에서도 민가협과 갈릴리교회 전시를 꼭 한번 해보고 싶어요."

민주사회를위한
변호사모임
(박연철·백승헌
이덕우 변호사)
구술 기록

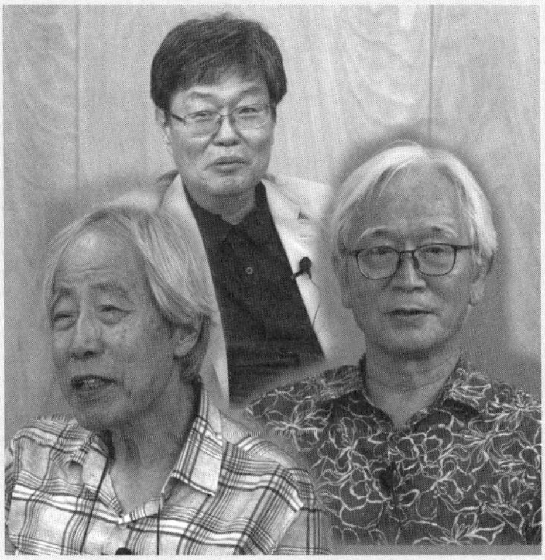

민변 - 박연철, 이덕우, 백승헌 변호사

민가협 창립 이후 양심수 변론의 최전선에는 늘 헌신적인 변호사들이 있었습니다. 이들은 1988년 5월 '민주사회를 위한 변호사모임(민변)'을 결성하여, 민주화운동의 든든한 동지로서 민가협과 보조를 맞추었습니다. 그중 박연철·이덕우·백승헌 변호사는 민변 회장을 역임하며 양심수 석방, 국가보안법 개정·폐지, 인권 보장을 위한 법·제도 개선에 앞장선 대표적 인권 변호사들입니다.

인권변호 1세대의 탄생과 계승

박연철, 백승헌, 이덕우 변호사는 모두 1980년대 중후반 이후 인권변호사로 활동하며 1세대 선배들의 정신을 계승했습니다. 이들은 홍성우, 한승헌, 조준희 등 선배 변호사들이 군사독재하에서 민주화운동 사건을 담당한 데 이어, 정법회와 민변으로 조직적 인권변론의 길을 이어갔다고 회고했습니다.

"85년도까지는 홍성우, 황인철, 조준희, 한승헌, 최영도 같은 분들이 맡아서 해주셨죠. 그분들은 민청학련 사건 때부터 변론을 해오셨던 분들입니다. 우리는 85, 86년 이후부터 참여했어요. 88년도에 청년 변호사들이

대거 합류하면서 민주사회를 위한 변호사 모임이 결성됐습니다."

— 박연철 변호사

"민청학련 사건을 중심으로 한 홍·황·조 세 분 트리오와 한승헌 변호사님, 그리고 유현석, 이돈명 변호사님 같은 분들이 1세대 인권 변호사들이셨습니다. 그분들이 '정법회'를 중심으로 활동했고, 88년 청변 세대가 합류하면서 민변이 만들어졌습니다."

— 백승헌 변호사

민가협과 인권변호사들의 연대

변호사들은 1985년 민가협 결성을 중요한 전환점으로 평가했습니다. 고문과 강압 수사가 일상이던 시기에, 구속자 가족들이 민가협을 통해 법률 조력을 얻을 수 있었으며, 변호사들도 민가협을 통해 사건에 접근하고 대응했습니다.

"체포되면 어디로 끌려갔는지조차 알 수 없던 시절이었습니다. 가족들이 변호사에게 연락하는 방법조차 몰랐어요. 그런데 민가협이 만들어지면서 '일단 거기 가면 된다'는 인식이 생겼습니다. 경험을 나누고 행동 요령을 배울 수 있었죠."

— 백승헌 변호사

"어디로 끌려갔는지 모르는 상황에서 가족들이 민가협을 통해 정보를 얻고 위로를 받았어요. 자식이 끌려간 그 심정을 알아주는 선배 어머니들이 있다는 것이 가장 큰 힘이었죠."

— 이덕우 변호사

가족의 고통을 함께한 민가협의 역할

민가협 어머니들은 단순한 피해자 가족을 넘어, 구속자 가족들을 돕는

운동가로 성장했습니다. 변호사들은 법률적 조력뿐 아니라 어머니들의 현장 활동이 변호 활동에 실질적 힘이 되었다고 회고했습니다.

“변호사 혼자 가면 항의가 안 먹히지만, 바깥에 민가협 어머니들과 가족들이 함께 있으면 상황이 달라졌습니다. 서로 정보를 주고받으며 ‘팀플레이’처럼 대응이 가능했죠.”

— 백승헌 변호사

“제 장모님이 민가협에 가서 김민석 어머니에게 큰 도움을 받으셨습니다. 위험한 시절에 외부와 연결되고 위로받는 것이 얼마나 큰 도움이었는지 실감했습니다.”

— 박연철 변호사

무보수 변론과 생활의 어려움

당시 인권사건 변호는 거의 무보수로 진행되었습니다. 변호사들은 수임료를 받지 않고 활동했으며, 교회나 인권단체의 지원금으로 운영했습니다.

“우린 수임료 안 받았어요. 민변에서는 사건당 30만 원을 실비 정도로 받기도 했지만, 돈이 없는 노동자나 학생들은 그냥 맡았습니다.”

— 백승헌 변호사

“공안 사건 하면서 수임료 받아본 기억이 없습니다. 그게 당연한 일이라 생각했습니다.”

— 박연철 변호사

공안정국 속의 위험과 압박

군사정권 시절, 인권변호사들도 감시와 탄압의 대상이었습니다. 변호사들은 항상 불안감을 안고 활동했으며, 계엄령 선포 시 체포될 것을 각오해야 했다고 회상했습니다.

"강신옥, 한승헌 선배님은 직접 구속되기도 했습니다. 우리는 그런 일은 없었지만 늘 불안했습니다. 계엄이 나면 우리가 제일 먼저 잡혀가겠구나 하는 생각이 들 정도였죠."

— 박연철, 백승헌 변호사

재판의 벽과 변호의 의미

당시 법정은 '붕어빵 재판'이라 불릴 만큼 판결이 획일적이었습니다. 그러나 변호사들은 무효한 재판이라도 계속 싸워야 한다는 사명감으로 임했습니다.

"판결문이 공소장 오탈자까지 베껴 쓴 수준이었습니다. 그래도 싸워야 한다고 생각했어요. 올바른 일을 계속하는 데 의미가 있었죠."

— 박연철 변호사

"피고인의 존엄을 지키는 것이 더 중요했습니다. 모두 진술을 막는 판사와 싸워서 발언권을 지켜내는 것도 변호사의 역할이었죠."

— 백승헌 변호사

기억에 남는 사건들

세 변호사는 각각 인상 깊었던 사건으로 강기훈 유서대필 사건, 민주노총 권영길 위원장 사건, 수많은 무명 노동자 사건 등을 꼽았습니다.

"강기훈 사건은 제게 가장 큰 기억으로 남아 있습니다. 무죄를 받기까지 너무 긴 세월이 걸렸고, 강기훈의 어머니와 동생의 헌신을 평생 잊을 수 없습니다."

— 박연철 변호사

"민주노총 권영길 위원장 사건 때, 판사가 '피고인이라 불러라'고 했죠. 우리가 '위원장이라고 부를 권리가 있다'며 재판을 중단시켰습니다. 그런

싸움이 사법의 양심을 조금씩 움직였다고 생각합니다."

— 이덕우 변호사

"수많은 사건 중에서도 이름 없는 노동자, 학생들의 용기가 잊히지 않습니다. 그분들이 있었기에 우리도 변호사로서 빚을 조금이나마 갚을 수 있었죠."

— 백승헌 변호사

재심과 과거사 청산

이들은 인혁당 사건 등 재심 운동을 통해 사법 정의 회복의 중요성을 강조했습니다. 진실·화해위원회, 명예회복법, 국가인권위원회의 설립이 민가협 어머니들의 끈질긴 투쟁에서 비롯되었다고 평가했습니다.

"재심은 천주교 인권위에서 시작했지만, 민변이 본격적으로 이끌면서 벽을 허물었습니다."

— 이덕우 변호사

"요즘은 재판장에서 과거의 잘못된 판결을 사과하는 판사들도 있습니다. 그것이 우리 사회가 성숙해지는 과정이라 생각합니다."

— 박연철 변호사

"과거사 청산은 끝난 일이 아닙니다. 지금의 사법적 정의 회복이 또다른 세대의 짐이 되지 않도록 끊임없이 노력해야 합니다."

— 백승헌 변호사

민가협과 인권변호사들의 관계

세 변호사는 민가협과 변호사들의 관계를 '서로의 빚과 연대'로 정의했습니다. 변호사들이 법정에서 싸울 수 있었던 힘은 민가협 어머니들의 신념과 사랑 덕분이었다고 말했습니다.

"변호사들이 도움을 준 것만큼, 민가협 어머니들과 가족들이 우리에게 준 힘도 컸습니다. 그분들이 있었기에 우리가 큰 실수 없이 버틸 수 있었습니다."

— 백승헌 변호사

"어머니들은 연약했지만 자식의 일이라면 전사들이었습니다. "인간은 연대 속에서 문제를 극복하는 존재라는 걸 어머니들에게서 배웠습니다."

— 박연철 변호사

민가협 40주년에 부쳐

세 변호사는 민가협 40주년을 맞아 깊은 존경과 감사의 마음을 전했습니다. 민가협이 민주화운동의 맏이로서 한국 인권운동의 뿌리를 이뤘다고 평가했습니다.

"민가협은 민씨 집안의 맏이입니다. 교수들의 민교협, 변호사들의 민변보다 먼저 민주주의의 길을 열었죠. 그 정신은 지금도 살아 있습니다."

— 백승헌 변호사

"어머니들의 이름은 위대합니다. 연약하지만 자식의 일이라면 누구보다 강한 전사들이셨죠. 그 정신이야말로 인권의 근본이라고 생각합니다."

— 박연철 변호사

"민가협은 내게 인권변호사라는 이름을 가능하게 한 터전입니다. 어머니들의 싸움이 있었기에 법이 움직일 수 있었습니다."

— 이덕우 변호사

박미준 어머니
구술 기록

박미준 어머니

1945년 출생. 1997년 한총련 출범식 준비 과정에서 발생한 이석 치사 사건과 관련해, 아들 권순욱(건국대 93학번)이 "부상당한 이석을 병원에 업어 옮겼다"는 이유만으로 구속되자 깊은 충격을 받으셨습니다. 민가협의 연락을 받고 목요집회에 나서며 활동을 시작했고, 그때부터 30년 가까이 민주주의와 인권, 평화와 통일을 위해 꾸준히 헌신해 오고 계십니다.

가족 이야기

"4남매 중 막내아들이 구속됐어요. 큰딸은 변호사, 둘째는 캐나다에서 살고 셋째는 간호사예요. 아들이 지금은 복권돼 사회생활 잘하고 있어요."

아들의 구속, 평범한 일상의 붕괴

"처음엔 평범한 주부로 살았어요. 아들이 학교 다니며 활동하는 걸 몰랐어요."

"건국대학교 다니던 아들이 집회에 나갔다가 사건에 연루됐다고 하더라고요. 아들이 구속됐다고 해서 경찰서에 갔는데, 애가 본정신이 아니었어

요. 가족이 모두 충격을 받았어요. 결국 아들은 장흥교도소에 수감되어 3년을 살았습니다."

민가협과의 인연

"민가협이라는 데서 전화가 왔어요. 누군지도 모르고 받았는데, 그게 시작이었어요."

"집회 나가면 쭈뼛쭈뼛 뒤에 서 있었어요. 1997년도부터는 목요집회를 빠지지 않고 나갔어요."

인식의 변화

"처음에는 아들 하는 일을 부정적으로만 봤어요. 하지만 집회에 나가서 억울한 사람들 얘기를 듣고 나서 생각이 바뀌었어요."

"남편도 처음엔 반대했는데, 전단지 보여주며 설명하다 보니 조금씩 이해하더라고요."

함께한 투쟁의 기억

"감옥에 갇힌 사람들 면회 가고, 영치금도 넣고 그랬어요. 경찰이 막아도 '우리 아들 억울하다', '양심 있는 학생을 왜 가두냐'고 외쳤어요."

"비전향장기수 어르신들이 북으로 가실 때 배웅하며 울었어요."

목요집회

"1997년부터 빠지지 않고 나갔어요. 아들이 석방된 뒤에는 함께 탑골공원 앞에서 발언했어요. '양심수를 석방하라'고 외쳤어요."

'양심수를 위한 시와 노래의 밤'

"그땐 진짜 대대적으로 했어요. 탑골공원, 종로 거리에서 티켓도 많이 팔았어요."

민주장터

“서울대에서 장터를 했어요. 어머니들이 음식을 장만해 팔고 그 수입으로 활동했어요.”

“힘들었지만, 우리 손으로 활동비를 마련한다는 게 뿌듯했어요.”

유가협 어머니들과의 연대

“유가협 어머니들을 보면 마음이 아팠어요. 우리는 그래도 자식이 살아 있으니까 다행이지요. 그분들은 자식을 잃었으니까, 위로하면서 함께했어요.”

함께 걸은 어머니들

“임기란 회장님은 정말 훌륭하셨어요. 많이 배웠어요.”

“서정순 어머니, 이귀임 어머니랑 면회 다녔어요. 네 분이 함께 다니며 위로했어요.”

국가보안법에 대한 생각

“국가보안법은 반드시 폐지돼야지요. 그 법이 없어져야 사회가 안정된다고 생각해요.”

“양심을 가진 학생들이 감옥에 가는 건 억울한 일이에요.”

민주화운동과 억울한 죽음

“이한열, 김귀정 같은 학생들이 제일 억울하지요. 민주화를 외치다 잡혀가고 맞아 죽은 그 일들을 잊을 수 없어요.”

나에게 민가협이란

“민가협은 내가 살아온 중에 제일 잘한 일이에요. 좋은 일을 하는 단체예요. 국가보안법 폐지를 중심으로 활동했어요.”

“어머니들이 다 고생했지만, 함께라서 버틸 수 있었어요.”

40주년을 맞이하며

“민가협 40주년을 맞이하니 민가협 활동을 하길 잘했다는 생각이 들어요.”

“빨리 국가보안법이 폐지돼서 어머니들이 편하게 살았으면 좋겠어요. 대한민국이 양심을 갖고 국민이 편하게 사는 나라가 되길 바랍니다.”

서경순 어머니 아들 이창규 구술 기록

故 서경순 어머니(1937~2017)

1989년 10월, 아들 이창규(동국대 89학번)가 구속되면서 민가협 활동을 시작하셨습니다. 이후 아들의 석방투쟁을 비롯해 수많은 민주화운동 과정에서 투옥된 이들의 인권을 지키기 위해 헌신하셨습니다. 특히 1992년 '남조선노동당 간첩단' 사건으로 68명이 연행되었을 때 안기부 앞에서 39일간 농성을 벌이기도 했습니다.
서경순 어머니는 1992~1993년 민가협 부회장, 1994년에는 상임의장을 맡아 활동하였으며, 2010년 74세의 나이로 민가협 고문으로 활동하시면서 팔순을 앞두고 생을 마감할 때까지 30여 년간 민주화운동, 인권 수호, 국가보안법 철폐, 남북 화해와 평화를 위해 헌신하셨습니다.

어머니와 민가협의 인연

"저는 1989년도에 대학교에 입학했습니다. 그때 박종철 열사 추모 집회에 참석했다가 구속이 됐어요. 그래서 어머니가 학교에 찾아오셨는데, 학생회에서 '민가협에 가면 도움을 받을 수 있다'고 해서 그때 처음 민가협을 알게 되셨습니다."

평범했던 어머니의 변화

"저희 어머님은 굉장히 평범하신 분이었어요. 교회에 열심히 다니시고, 평범한 시민이셨죠. 그런데 민가협에 가보니까 같은 처지의 어머님들이 '우리 자식들은 잘못이 없다'고 말하며 품어 주셨대요. 그때 마음의 문을

여셨고, 그때부터 민가협 활동을 꾸준히 하셨습니다."

민가협 활동에 헌신한 어머니
"제가 석방된 이후에도 어머니는 하루도 거르지 않고 민가협에 나가셨습니다. 학생들, 노동자들, 빈민단체 사람들 구속되면 늘 현장에 계셨어요. 어머니는 늘 '부조리에 맞서는 게 옳다'고 하셨습니다."

거리의 어머니가 되다
"경찰들이 어머님들을 닭장차에 몰아넣고 새벽 두세 시쯤 난지도에 버리고 갔다고 들었습니다. 어머님이 걸어서 집에 오셨다고 했어요."
"전경에게 치여 갈비뼈가 부러진 적도 있었는데, 그래도 굴하지 않으셨죠."

민가협 장터와 연대의 현장
"어머니는 장터에서 '이것도 민주화 투쟁의 초석이다' 하시며 저희를 불러 부침개 붙이고 막걸리 나르고 했습니다. 가족들도 어머니의 활동을 지지했습니다."

가족의 걱정
"아버님은 정말 많이 반대하셨어요. 공무원이셔서 그런 활동을 이해 못 하셨죠. 그래서 집에서 싸움이 나면 항상 5대1이었습니다. 결국 아버님이 포기하셨습니다."
"이제 어머님이 연세가 있으시다 보니까, 이제 활동하시다가 다쳐 갖고 오는 경우가 굉장히 많았어요. 그래서 자식으로서 부모가 이제 다치고 그러면 마음이 안타깝잖아요."

어머니의 신념과 힘
"어머니의 신념은 '나쁜 건 나쁜 거다'였어요. 책으로 배운 게 아니라 몸으로 부닥치며 깨우치신 거죠. 세상의 부조리를 직접 느끼며 신념이 생기셨고, 그게 평생의 원동력이었습니다."

어머니에게 민가협이란

"저는 민가협이 어머님에게 친정집 같은 곳이었다고 생각합니다. 언제든 가면 반겨 주고, 힘들면 위로받을 수 있는 그런 곳이었어요."

"어머님 자체가 민가협 활동을 어머님의 어떤 생에 있어서 가장 중요한 축으로 생각했던 것 같습니다. 그래서 어머님이 몸은 아프시고 고단했지만, 민가협 활동을 힘들지 않게 계속해 나갈수 있었던 것 같습니다."

아들에게 남은 기억

"제가 구속돼 있을 때 어머니는 하루도 빠지지 않고 면회 오셨어요. 너무 마음고생이 심하셔서 열꽃이 피셨대요. 그래서 다른 사람 자식이 구속돼도 그 엄마의 마음을 다 느끼셨던 것 같습니다."

"아무래도 학생운동하면서 조금은 나태해지고 느슨한 면도 있었는데, 그럴 때마다 이제 선배들이 '야 너는 어머님 반만 해라.' 그런 말도 많이 들었습니다. 그래서 오히려 제가 어머님 때문에 더 조금은 더 치열하게 살지 않았나 생각합니다."

어머니의 변화와 유산

"예전엔 온화한 어머니셨는데, 민가협 활동 이후에는 강인해지셨어요. 단상에서 연설하시는 모습이 너무 멋있었어요. 사회를 바꾸는 게 옳은 일이라고 늘 말씀하셨습니다."

민가협 40주년을 맞으며

"40년이라는 시간은 어머니의 피와 땀이 묻은 역사입니다. 양심수가 사라지는 세상이 오더라도, 민가협이 지켜온 초심만은 계속 이어졌으면 좋겠습니다."

안성례 어머니
구술 기록

안성례 어머니(남편 故 명노근)

1938년 출생. 1980년 5·18 민중항쟁 당시 광주기독병원 간호부장으로 근무하며 수많은 부상자를 돌보았습니다. 항쟁 뒤에는 남편과 자식을 잃은 어머니들을 위로하고 치유하기 위해 설립된 '오월 어머님의 집' 초대 관장을 맡아 치유와 연대를 이끌었습니다. 1986년에는 민가협 류시춘 총무의 제안으로 광주 민가협을 창립해 초대 회장을 맡아 1980~1990년대 수많은 열사의 장례를 함께 치르며 열사 어머니들의 손을 굳게 잡고, 전국적 연대활동을 활발히 펼쳤습니다.

남편 명노근 교수의 민주교육지표 사건

"유신 때 국민교육헌장이 일본 천왕의 칙령을 식민지 국가들에게 주입시키기 위한 거라 했어요. 1978년에 교수님들이 함께 국민교육헌장 폐지하고 대신 민주교육지표를 제정하자고 건의했다가 다 잡혀갔지요. 박정희가 분노해 싸그리 11명을 잡아갔다고 들었어요."

5·18 광주민주화운동과 구속

"백주 대낮에 공수부대들이 간첩이 책동했다고 와서 다 죽였어요. 시민들이 간첩으로 몰렸어요. 당시 나는 적십자병원에서 병든 환자를 간호하던 사람이었는데, 이렇게 죽음의 위기가 오니까 변했어요."

군사재판과 구속자가족협의회 결성

“상무대에서 군사재판 끝나고 흩어지지 말고 모이자 했어요. 그해 9월이나 10월쯤 백운동 이기용 변호사님 댁에서 모였어요. 홍남순 변호사 사모님이 회장이 되고, 나는 부회장을 맡았어요.”

교도소 투쟁

“우리는 교도소 면회가 아니었어요. 교도소 투쟁, 재판 투쟁이었어요. ‘악덕 교도관은 물러가라’ 외치고 싸웠지요.”

광주 민가협 창립

“서울에서 민주화실천가족운동협의회가 창립됐다고 해서 YWCA 6층에서 광주 민가협을 창립했어요. 회장은 내가 맡았고, 구속자 가족회장은 홍남순 사모님이 했어요.”

간호사로서의 삶과 투쟁

“낮에는 데모하고, 밤에는 병원 나이트 근무했어요. 원장이 ‘자기 근무를 성실히 하는데 낮에 데모를 해도 파면 못 시키겠다’고 했어요.”

신앙과 투쟁의 힘

“하나님의 힘이지요. 의로운 피를 토하는 심정으로 기도했어요. 오늘 살고 내일 죽는다고 생각했어요.”

광주와 전국의 연대

“부산에 박종철이 엄마가 누워계시길래 ‘우리도 억울한 엄마들이 광주에서 왔소’ 하고 손잡고 울었어요. 남민전 사건의 차성환 어머니도 만나서 같이 부둥켜안고 울었지요.”

오월어머니집 설립

"엄마들의 쉼터를 만들어야겠다고 생각해서 만들었어요. 회비로 버스 타고 가던 엄마들 생각이 귀에 쟁쟁해요. 내가 외롭게 오월어머니집을 만들었어요."

나에게 민가협이란

"민가협 회장은 목숨 바쳐야 했어요. 나는 하나님이 주신 사명으로 했어요. 억울한 사람을 살리는 일이 더 큰 치료였어요."

민가협 40주년에 대한 생각

"80년대 민가협이 없었으면 민주주의가 흔들렸어요. 엄마들이 울면서 검사들 폭력을 호소하니까 지성인들도 양심을 되찾았어요."

"분노는 힘이에요. 그게 민가협이 국민에게 가르친 거예요."

민가협 어머니들에게

"우리가 이렇게 싸워서 오늘의 민주주의가 있어요. 다들 건강하시고 평안하셨으면 좋겠어요."

유민호 어머니 구술 기록

유민호 어머니

1949년 출생. 홍상욱(1998년 연세대 총학생회장)의 어머니입니다. 아들이 명동성당에서 단식할 때 어머니들이 찾아와 "학생들이 잘한다, 고생한다."고 해도 아들 데려올 생각뿐이던 평범한 어머니였으나, 현장에서 어머니들의 연대와 격려를 마주하며 민가협 활동에 나섰습니다. 2006년부터 4년간 민가협 총무 겸 부회장을 역임했고, 이후로도 30년 가까이 민주주의와 인권, 평화와 통일을 위해 꾸준히 헌신하고 계십니다.

아들의 학생운동과 경찰의 압박

"연세대학교에 재학 중이던 아들이 학생운동에 참여하면서 매일 경찰의 감시와 압박 속에 놓였습니다. 우리 집 앞 가게마다 형사들이 와서 죽치고 앉아 있었어요. 당시 남편은 머리 수술을 한 상태였는데도 경찰이 갖은 소리를 다 하고 갔죠."

아들을 찾다 민가협을 만나다

"명동성당, 조계사 다 찾아다녔어요. 아들을 찾으러 다니다가 다른 어머니들을 만나서 민가협을 알게 됐어요."

총무로서의 헌신과 일상의 병행

"이영 회장님 때 총무 겸 부회장을 4~5년 했어요. 민가협 활동과 생계를 동시에 이어갔습죠. 오전엔 신세계백화점에서 주부사원으로 일하고, 저녁엔 촛불집회와 석방운동 현장에 나갔죠."

목요집회와 어머니들의 연대

"손주를 안고도 목요집회에 나갔어요. 목요집회는 단순한 시위가 아닌, 아들과 같은 청년 세대의 억울함을 바로잡기 위한 연대의 장이라 생각했어요. 학생들이 그런 대우를 받으면 안 된다는 생각이었어요."

임기란 어머니에게서 배운 마음

"임기란 어머니가 참 확실하신 분이었어요. 저도 많이 세뇌받았죠. 특히 저를 딸처럼 챙겨주셨어요. 하이힐 신고 다닌다고 야단맞기도 했어죠."

가족의 반대와 여성으로서의 한계

어머니는 '가정을 책임지는 여성'의 자리를 지키면서도, 동시에 '시대의 증언자'로서 사회운동의 현장에 섰습니다.

"남편의 반대, 시어머니 부양, 병든 남편의 간호 등 여러 현실적 제약에도 활동을 포기하지 않았어요. 남편은 제게 '여편네가 맨날 그런 데 좇아다닌다'고 했지만 그래도 아들이 그런 상황인데 어떻게 안 나가겠어요."

사회를 보는 눈의 변화

"예전엔 데모하는 사람들 보면 차 막히겠다고 생각했어요. 지금은 데모하는 사람들의 마음이 이해돼요."

경찰서 항의와 '어머니들의 투쟁'

"경찰서장실까지 들어가 항의했어요. 엄마들이 왜 이러냐고 하더군요. '자식 위해 다니는 거지, 다른 이유 없다'고 했죠. 가장 슬프면서도 자랑스

러운 순간이에요.”

나에게 민가협이란

“민가협은 ‘삶을 변화시킨 공동체’로 기억해요. 세월이 흘러 많은 어머니들이 세상을 떠났지만, 지금도 민가협 회원이라는 게 자부심이에요. 이제는 운동보다는 모임이 되었지만, 그 정은 그대로예요.”

유시춘 선생
구술 기록

유시춘 선생

1950년 경북 경주 출생. 동생 유시민·유시주가 구속되면서 어머니 서동필 여사와 함께 석방운동에 나섰고, 1985년 '구속학생협의회' 총무를 맡아 민가협 활동에 적극 참여했습니다. 1994년과 2001년 민족문학작가회의 상임이사를 역임했으며, 현재 EBS 이사장으로 재직 중입니다.

민가협과의 인연

유시춘 선생님은 민가협의 창립 총무로서, 1980년대 중반 구속자 가족들과 함께 민주화운동의 현장을 지켜온 주요 인물입니다. 당시 그는 고등학교 교사이자 작가로 활동하며, 서울대 프락치 사건과 학생운동 탄압을 계기로 본격적인 인권운동에 나섰다고 회고했습니다.

"1984년 9월, 서울대에서 총학생회 부활운동이 일어나면서 동생 유시민이 복학했어요. 그리고 학생회를 부활하려는 후배들을 전적으로 지원해 주고 있었지요. 정보당국이 그걸 잡아내면서 서울대 프락치 사건이라 불리는 일이 벌어졌죠. 그때부터 학생 구속이 다시 시작됐고, 엄마들이 '애국학생을 용공으로 몰지 말라'며 거리로 나왔습니다."

"그때 제가 삼십대 중반이니까 엄마들보다는 많이 젊잖아요. 그러니까

아무래도 더 적극적으로 뛰었습니다."

구속학생학부모협의회의 결성

미문화원 점거 사건 이후, 구속된 학생들의 어머니들이 모여 자발적으로 연대하기 시작했습니다. 그 현장에서 유시춘 선생님은 구속학생학부모협의회의 창립 선언문을 직접 작성하며 중심적인 역할을 맡았습니다.

"덕수 법무법인의 인권 변호사들이 무료 변론을 해주셨고, 엄마들은 '우리 자식이 왜 빨갱이냐'며 거리로 나왔습니다. 그때 민추협 사무실에서 구속학생학부모협의회를 결성했어요. 제가 현직 교사 신분이었는데, 선언문도 쓰고 사회도 봤습니다."

교사에서 활동가로

현직 교사였던 유시춘 선생님은 학교와 치안본부의 압박 속에서도 침묵하지 않았습니다. 결국 교직을 내려놓고 본격적으로 민가협 활동에 나섰습니다.

"치안본부에서 '이 여자를 자르지 않으면 교장 니가 모가지다' 협박을 했대요. 그래서 학교를 그만뒀죠. 그게 자진 사퇴로 처리됐지만, 실질적으로는 파면이었습니다. 그때 민가협의 가장 젊은 총무가 제가 됐어요."

"하루에 잠 네다섯 시간 밖에 못 자고. 5분 대기조라고 그랬어요. 5분 만에 출동을 해야 돼 전부. 어디론가 법정이든, 거리든, 집회장이든, 농성장이든. 그때 제일 많이 잔 데가, 이제 엄마들하고 아울러서 그 현재 종로 5가 기독교회관 907호 NCC 총무방, 거기가 우리 그냥 안방이었죠. 거기서 주로 유인물도 만들고 뿌리고."

민가협 창립과 투쟁

1985년 12월, 세계인권선언일을 전후해 민가협이 공식 창립되었습니다. 유시춘 선생님은 인재근, 김춘옥 선생님 등과 함께 실질적인 조직 운영을 맡았습니다.

“85년 12월 10일, 세계인권선언일 즈음에 민가협이 창립됐습니다. 인재근, 김춘옥, 그리고 제가 삼총사였죠. 현판식을 하려고 했지만, 전경들이 둘러싸서 못했습니다. 그때부터 진짜 고난의 행군이 시작됐죠.”

“모든 집회. 그다음에 구속된 사람들 면회, 그다음에 법정 투쟁, 구치소에서 금치에서 또 면회 안 시켜주면 거기서 또 금치 반대 투쟁. 뭐 하루도 쉬는 날이 없었지요. 그렇게 가다가 이제 결국은 박종철 사건 때까지 꾸준히 가는 거죠,”

“그 점이 훌륭하신 점이죠. 내 자식의 뭐 구명 운동뿐만 아니라, 내 자식과 같은 지향과 가치를 가진 나머지 자식들도 내 자식과 같다. 그런 말하자면 어떤 공감과 그들의 신념에 대한 동의 이런 것들 때문에 계속 참여하게 된 그 점이 저는 참 훌륭하다고 생각했습니다.”

“엄마들은 눈에 보이는 게 없었어요. 닭장차에 실려 가면 새벽에 난지도에 버려졌죠. 저도 많이 그랬습니다. 난지도에 내려서 성산대교까지 걸어오면 두 시간이 걸렸어요. 얼굴이 먼지투성이였지만 다들 웃으며 ‘다음에 또 하자’ 하시던 분들이었죠.”

“박종철 소식을 듣고 우리는 남영동으로 갔어요. 거기서 ‘박종철을 살려내라’고 철문을 두드렸죠. 나중엔 의정부 교도소 금치된 여학생들을 면회시키려고 동교동에 찾아가 김대중 선생님을 만났어요. 밤에도 신발도 못 신고 뛰어가셨죠.”

“사실 수사기관이나 교도소도 마찬가지고, 민가협 어머님들 왔다 이러면 애네들이 정말 초긴장이 되는…. 어머니들이 철문을 흔들고, 소리를 지르고. 결국에는 전경들이 와서 한 명, 한 명씩 분리해 멀리 갖다버리는 거….”

엄마들의 변화와 연대

“그분들이 ‘우리 애는 빨갱이가 아니다’ 하며 양심수 가족들과 함께하는 걸 처음엔 꺼리셨어요. 그래서 매일 설득했죠. ‘아들을 의인으로 만드는 일은 민주화투쟁에 함께 서는 일이다.’ 그렇게 말씀드리면 다들 울면서 고개를 끄덕이셨어요."

"그래서 이제 젊은 30대가, 이제 50대 어머니들한테. 이제 이거 다 넓은 의미의 민주주의를 향한 운동이다. 그런 점에서는 우리는 모두 다 공통분모를 가지고 다 동지다. 그런데 그들 양심수 석방 운동도 뭐 엄마들이 앞장서서 하고요. 그런 변화가 그때 일어난 거예요. 왜 그, 그 고리끼 〈어머니〉라는 소설 보면 나오잖아요. 그 고리끼 〈어머니〉라는 소설보다 우리 이쪽이 훨씬 더 감동적이에요. 그렇게 해서 시작된 거죠."

민가협과 인권 변호사들

"그때 이돈명, 홍성우, 황인철 변호사 같은 분들이 무료로 변론해 주셨어요. 그분들이 모여서 1988년에 민변이 만들어진 거예요. 민가협, 변호사, 구속자 가족은 삼위일체였죠."

고문과 기록의 시대

"그 시절 판결문은 공소장 오타까지 똑같이 복붙이었습니다. 법관으로서의 양심이 없었죠. 그래서 저는 유신 이후 검찰과 법원의 흑역사를 기록으로 남기는 게 평생의 과제라고 생각합니다. 기록되지 않은 건 역사가 아닙니다."

어머니들의 힘이 세상을 바꾸다

"엄마들이 김치 담그던 손으로 유인물을 뿌리니까, 세상이 움직였어요. 전두환이 '운동은 울타리 안에 있다'고 자신감 가졌지만, 그 울타리를 깬 게 바로 민가협이었어요. 민주주의의 불길이 국민 속으로 번지게 만든 촉매였습니다."

"이제 내 자식은 나왔지만 공동체 의식이 향상이 된 거고. 그 다음에 그 내용을 알고 보니까, 우리 아들이 정당했거든. 우리 아들이 한 일이 옳았고, 거기에 대한 어떤 신념 이런 게 있으면은. 나머지 자식도 내 자식처럼 볼 수 있는 굉장히 훌륭한 점이죠. 그러니까 그 민가협 운동이 내 자식만을 위한 운동이 아니라, 이후에 이제 87년 노동자 대투쟁 이후에는 노동자들이 대거 구속이 됐잖아요. 그때도 운동을 함께 하셨어요. 그러니까 그 점이 저는 굉장히 훌륭한 점이고. 그러니까 나의 사익을 넘어서, 공익으로 나아가는 그 어떤 포인트가 아니었나. 그런 생각을 해요."

함께 활동했던 어머니들

"예, 그때 트리오라고 그랬어요. 인재근, 유시춘, 김춘옥이 이제 삼총사라고 그랬고요. 그 뒤에 이제 민가협이 정식 출범하고 회장은 고대 이춘 어머니가 했어요. 예. 그 어머니가 하다가 나중에 신철이 어머니가, 박신철 어머니가 오래 하셨죠. 임기란 어머니가 아주 오래 하셨고. 그 임기란 어머니 할 때, 양심수들하고, 학생운동 가족들하고 완전히 한 몸이 됐어요. 그때는 이제 완전히 이제 다들 이해하고 수용하고 동의했을 때고요. 서로 좋아했죠."

"제일 인상에 남는 건 언제냐면, 86년 12월 한 30일쯤엔가 그 민청련 사무실은 민가협이 지키고 있을 땐데. 우리끼리 송년회를 했어요. 연탄 난로였어요. 연탄 이렇게 갈아끼는. 삼각, 삼각지에 있는 무슨 빌딩 5층이었는데. 연탄 난로, 이렇게 연탄 갈고 그랬는데. 거기에 이렇게 이제 둘러앉아 가지고. 그때도 인재근, 유시춘, 설난영. 지금 그 김병건의 아내 박문숙이, 거기도 암으로 돌아가셨죠. 박문숙이, 그다음에 돌아가신 이범영의 아내, 이제 민청련 아내들하고, 좀 젊은 엄마들하고, 이제 그 제가 제일 이제 젊었죠. 우리가 그때."

"김근태의 경우가 있기 때문에 남영동 대공분실 앞으로 갔어요. 거기 이제 엄마들하고, 우리 이제 장기표 아내 조무하, 나, 인재근, 설난영이 뭐 그 당시에 이제 다 30대들이죠. 30대 다 앞에 가 있고, 엄마들도 몇 분 계시고. 그때는 이제 민청련 아내들이 제일 적극적이었어요."

민가협 이후의 활동과 기억

1988년 이후 그는 평화민주연구회(평민련)에서 민주화운동 세력의 제도권 진입을 돕고, 이후 국가인권위원회 초대 상임위원으로 활동했습니다.

"1988년 평민련에 참여하면서 제도권과 재야가 처음으로 결합했죠. 나중엔 인권위 상임위원으로도 일했습니다. 구금시설의 인권 개선이 가장 먼저 체감됐어요. 선풍기 하나 들어오게 된 것도 양심수들의 싸움 덕이었죠."

민가협의 의미

"민가협은 제 인생의 물줄기를 바꾼 사건입니다. 작가로 살던 제가 거리의 현실을 마주하게 됐고, 민주주의의 현장을 기록하게 됐습니다. 그 시절이 제 인생의 가장 치열하고, 가장 빛났던 시간이었습니다."

당부의 말씀

"다 얘기를 해야죠. 기록을 해놔야죠. 그래서 이런 말 있잖아요. 옛날에 그 이병주라는 소설가가 계셨는데, 햇빛에 드러나면 역사가 되고. 달빛에 스러지면 신화가 된다고 그랬어요. 그러니까 기록되지 않은 건 역사가 안 돼요. 기록되지 않은 것은."

"앞으로 100년이나 200년 후에 이 문제적 시대, 문제적 인간이 언제냐 하면 저는 유신부터 80년대까지라고 봅니다. 이거 나중에 드라마, 영화로 엄청 나올 거예요. 그래서 이거 이런 기록들을 남겨 놓는 게 굉장히 소중합니다. 네 남겨놔야 돼요."

윤미향 김삼석 부부 구술 기록

김삼석

1993년 여동생 김은주 씨와 함께 이른바 '남매간첩단 사건'으로 구속되었습니다. 이후 2017년 재심에서 간첩 혐의에 대해 무죄 판결을 받았습니다.

윤미향

남편이 구속되던 당시 한국정신대문제대책협의회(정대협) 간사로 활동하며 인권운동사랑방·민가협 어머니들과 함께 석방 운동에 나섰습니다. 김삼석은 석방 이후 인권·평화운동을 이어갔고, 윤미향은 정의기억연대 이사장을 거쳐 제21대 국회의원으로 활동했습니다.

남매 간첩 조작 사건의 진실

1993년 '남매 간첩단 사건'으로 구속된 김삼석·윤미향 부부는 당시 안기부가 수사권 축소를 앞두고 공안사건을 조작한 결과 피해를 입었다고 회고하셨습니다.

"그때 안기부는 공안사건이 필요했어요. 그래서 양성했던 프락치를 이용해 남매를 접근시키고 간첩 사건을 만들어낸 거죠." (김삼석)

"안기부 수사권 축소 움직임이 있으니까 '국내 간첩 200명 활약'이라는 기사가 났어요. 그게 우리 가족에게 닥칠 줄은 몰랐죠." (윤미향)

고문과 불법 수사, 그리고 재심

"불법 연행이었어요. 문이 열리자마자 명치뼈를 맞고 쓰러졌죠." (김삼석)

"불법 구금이 인정됐는데도 무죄 선고를 미뤘어요. 그때 2015 한일합의가 있었죠. 사법부와 행정부가 긴밀히 연결되어 있었다는 걸 느꼈어요." (윤미향)

감옥 안의 투쟁, 밖의 연대

"감옥 안에서 단식을 하면 밖에서는 밤새 철문을 두드렸어요. '너희는 고립되지 않았다'는 걸 전하기 위해서요." (윤미향)

"감옥 투쟁도 민가협을 믿고 했죠. 민가협이 있으니까 두려움이 없었어요." (김삼석)

민가협과의 만남

윤미향은 남편이 구속된 직후 '인권사랑방'과 '민가협'을 찾았고, 어머니들의 투쟁을 통해 큰 힘을 얻었습니다.

"민가협 어머님들은 싸움꾼이셨어요. 자식이 감옥에 갔는데 싸움꾼이 안 될 엄마가 누가 있겠어요." (윤미향)

"민가협 덕분에 우리가 감옥에서도 싸울 수 있었어요." (김삼석)

교도소 앞의 밤

"가장 기억에 남는 장면은 대전교도소 앞에서의 1박 2일 농성입니다. 민원실 바닥에서 함께 잠자며 싸웠어요. 어머니들이 찬 바닥에서 밤을 새우며 '석방하라' 외쳤죠." (윤미향)

"교정당국이 민가협을 제일 무서워했어요. 시끄럽게, 집요하게 싸웠거든요." (김삼석)

출소 이후의 인연

“나오자마자 목요집회에 가서 외쳤죠. ‘세상에 이렇게 예쁜 간첩 봤습니까!’” (김삼석)

“그날 그 목소리를 잊을 수 없어요.” (윤미향)

민가협 어머니들의 기억

“가장 인상 깊은 분은 임기란 의장님이세요. 경찰들이 가장 무서워했던 어머니였어요.” (윤미향)

“임기란 의장님이 오시면 전경들도 함부로 못 했어요.” (김삼석)

민가협 40년에 부치는 말

“한국 민주화운동의 중심이자, 피해자가 운동가로 거듭난 단체였어요. 그 공을 분명히 평가해야 합니다.” (윤미향)

“국가보안법이 폐지돼야 민가협의 역할이 완성됩니다.” (김삼석)

이귀임 어머니
구술 기록

이귀임 어머니

1944년 출생. 1996년 아들 백주선(중앙대 총학생회장)이 수배되면서 집 주변에는 검은 차가 눈에 띄기 시작했고, 밤마다 골목엔 구둣발 소리가 울렸습니다. 아들이 구속된 뒤 민가협 장터에서 어머니들을 만나 연대의 손을 잡고, 변호사들과도 연결되었습니다. 이후 민가협 부의장을 역임하며 집회에 누구보다 성실히 참여했고, 지난 30년 동안 민주주의와 인권, 평화적 통일을 위해 꾸준히 헌신해 오셨습니다.

민가협 활동을 시작하게 된 계기

이귀임 어머니는 큰아들이 중앙대학교에 입학하여 민주화운동에 참여하게 되면서 민가협과 인연을 맺으셨습니다. 처음에는 아들의 행동을 이해하지 못했지만, 구속을 겪으며 민주화의 의미를 깨닫고 함께 목소리를 내게 되셨습니다.

“우리 아들은 중앙대 법대 특별장학생으로 들어갔어요. 공부만 하는 줄 알았는데, 운동을 하더라고요. 처음엔 이해가 안 됐어요. 그런데 구속되고 나서야 알았죠. 잘못된 게 아니라 옳은 일을 한 거라는 걸요.”

"변호사님들이 그러시더라고요. '당신 아들 나쁜 일 한 거 아닙니다. 옳은 일을 한 겁니다.' 그 말에 힘을 얻었어요. 그때부터 민가협에 나가기 시작했죠."

수배와 감시 속에서도 굴하지 않은 용기

"아들이 수배를 당하던 시절, 집 앞에는 형사들이 진을 치고, 밤마다 구둣발 소리가 들리고, 집 앞엔 검은 차들이 서 있었어요. 그런데 나도 오기가 나더라고요. '그래, 나도 잠 못 자고 당신들도 잠 못 잘 바엔 약이라도 올려야지' 하고 맞섰죠."

민주화운동을 바라보는 시선의 변화

"무지했죠. 세금 잘 내고 나라 시키는 대로 하면 되는 줄 알았어요. 그런데 누군가 소리쳐야 세상이 바뀐다는 걸 알았어요. 아들 덕분에 민주화가 뭔지 눈을 떴어요."

가족의 이해와 지지

"남편이 무난한 성격이라 집안 분란은 없었어요. 그래도 후회는 없어요. 큰아들도 변호사로 잘 지내고, '어려운 사람 돕겠다'던 마음 그대로예요."

기억에 남는 민가협의 활동들

"장기수 어르신 석방과 북송 환송식, 민가협 장터와 시와 노래의 밤, 그리고 목요집회가 기억에 남는 활동이에요. 특히 장기수 어르신들 안아드리고, 북으로 가실 때 환송했던 게 제일 기억에 남아요. 또 장터에서 순대볶음 팔고, 시와 노래의 밤 티켓 팔러 뛰어다니던 날들이 아직도 생생해요."

싸움 속에서 배운 삶의 지혜

"우는 애기 젖 준다고, 우리가 소리를 내야 세상도 듣더라고요. 그게 싸

움이고, 배움이었어요."

\# 민가협이라는 가족

"민가협은 단순한 단체가 아닌 '또 하나의 가족'이었어요. 친척보다 자주 봤어요. 가족보다 더 가까웠죠. 얼굴만 봐도 마음이 통해요. 희로애락을 같이 했어요. 그래서 여기가 제 집이에요."

\# 임기란 어머니와의 추억

"임기란 어머니는 품이 넓으셨어요. 앞장서서 '나를 따르라' 하면 우르르 따라갔어요. 무섭고도 든든한 분이었죠."

\# 나에게 민가협이란

"민가협은 제 삶의 원동력이었어요. 여기를 몰랐으면 답답해서 못 살았을 거예요. 다 같은 아픔 가진 엄마들이라, 서로 위로하고 버틸 수 있었죠."

\# 후배 세대에게 전하는 말씀

"젊은이들이 거리에서 소리 내주는 게 너무 고마워요. 다 예뻐 보여요. 여러분이 잘돼야 우리도 잘되는 거니까, 더불어 사는 세상 꼭 지켜주세요."

이소남 어머니
구술 기록

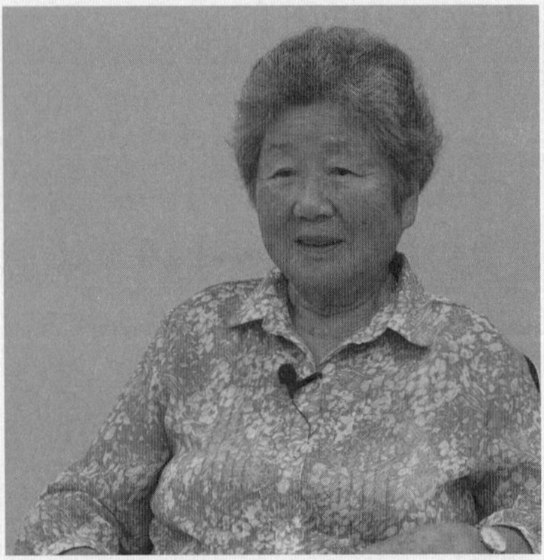

이소남 어머니

1935년 출생. 광복군이 불렀다는 '해방가'를 좋아하여 직접 3절까지 기억하고 부르십니다. 일찍 남편과 사별하고, 어린 삼형제를 홀로 키우셨고, 아들 박승렬(성균관대)은 어려운 형편 속에서도 스스로 등록금을 마련해 대학에 진학했습니다. 1985년 아들이 구속된 이후 신문 기사를 보고 나서야 생사를 확인할 수 있었습니다. 이후 향린교회에서 민가협 창립 소식을 듣고 참여했으며, 지난 40년간 민주와 인권, 평화와 통일을 위해 헌신해 오셨습니다.

어린 시절과 성장

"1934년 전라남도 해남에서 태어나고 자랐어요. 땅끝마을은 아니고 해남 가운데였지요. 그래서 해남이라도 바다를 몰랐어요. 6·25 전쟁과 해방을 모두 겪으며 청소년기를 보냈어요."

남편의 순직과 군인가족의 삶

"남편은 포병 장교로 복무 중이었는데, 1961년 전방에서 발생한 CPX 사고로 순직했습니다. 막내인 승렬이가 1살 때였죠."

\# 아들 박승렬의 수배와 구속

“막내아들인 승렬이는 성균관대학교 사학과 학생회장으로 활동했는데, 학생회장 한다는 이유로 수배를 받았고, 결국 잡혀갔어요.”

\# 해조곡의 노래

“아들이 수감된 뒤, 제 심정을 담아 ‘해조곡’의 노래에 가사를 지어 노래로 만들었어요. ‘바람아 눈보라야 불지 말어라. 집 떠난 민중의 아들 건강 해친다… 오늘도 그 아들은 소식도 없네.’ ‘뒷동산 소쩍새야 울지 말어라. 새벽녘 베갯머리 눈물 젖는다. 철창 속 푸른 옷에 얽매인 투사. 오늘도 그 아들은 아니 오려나.’ 그 노래를 파고다공원에서 불렀어요.”

\# 첫 면회와 애국가 4절

“순천교도소 첫 면회에서 양쪽에서 두 사람이 끼고 오는 아들의 모습을 보고 ‘애국가 4절을 새겨라!’ 하고 소리를 질렀어요. 아들이 나중에 편지에 ‘어머니의 그 말이 제게 큰 힘이 되었다’고 썼어요.”

\# 민가협과의 인연

“1985년 민가협이 결성될 때부터 향린교회를 통해 활동에 참여했어요. 민가협이란 간판은 아직 없어도 우리 엄마들 모임이 있었어요. 간판 걸 때나 하나 남았지요.”

“김민석 어머니도 같이 활동했는데. 그전에 황인혁, 황인호, 황인욱, 이렇게 삼형제가 감옥에 간 집도 있어요. 그 엄마하고는 같이 많은 활동을 했죠.”

\# 거리의 어머니들

“광화문 앞에서 시위를 많이 했어요. ‘전두환 타도’, ‘독재 타도 민주 쟁취’ 이런 말을 했지요. 그러다 경찰에 체포되기도 하고…. 하루에 세 번까지 닭장차에 실려 간 적도 있어요.”

"닭장차 안에서도 '아들아 내 딸들아 서러워 마라' 하고 노래했어요. 내가 만든 노래도 있었어요. 눈물을 보였나요, 내가 울고 말았나요… 싸워야지, 민주화를 이루어야지."

난지도에 버려진 기억

"경찰들은 우리 어머니들을 체포해 닭장차에 싣고는 난지도 쓰레기장에 버려놓곤 했어요. 그때는 거기가 다 쓰레기였어요."

6월항쟁과 진도아리랑

"박종철이가 고문 받고 죽었다는 말을 듣고 엄마들이 모두 대공분실로 몰려왔어요. 대공분실 철문이 엄청 크더만. 그래도 문을 이렇게 밀고 밀어서 접어지게 그렇게 해놨어요. 그것을 돌멩이로 다 두들겼다니까. 박종철이 살려내라고."

"나는 그렇게 많은 경찰을 내 생애 처음 봤어요. 이 명동 서울 시내 전체가 내 눈에는 경찰만 꽉 차 있더라고. 거기서도 진도아리랑을 이렇게 불렀죠."

"아리아리랑 스리스리랑 아라리가 났네. 아리랑 음음음 아라리가 났네. 군부독재 아첨자는 빌딩을 짓는데 정의를 외친 자는 물고문에 뜬다. 십오야 밝은 달 구름 속에 울고. 지하 감방 철창 속에는 양심수가 운다. 아리아리랑 스리스리랑 아라리가 났네. 아리랑 음음음 아라리가 났네. 무심한 한강수의 유람선 뜨고 서울 장안 한복판에는 최루탄이 뜬다. 인왕산 꼭대기에 비 온 둥 만 둥 이 나라의 민주주의는 찾아온 둥 만 둥. 아리아리랑 스리스리랑 아라리가 났네. 아리랑 음음음 아라리가 났네."

"그때는 6월 항쟁이라는 말 자체가 없었어요. 그냥 그렇게 하고 명동성당 가서 도시락도 학생들이 갖다주고. 나중에 얼마 지나다 보니까 6월 항쟁이란 말이 나오더만."

향린교회와 민주화운동

"당시는 향린교회를 중심으로 문익환, 문동환, 홍근수 목사님이 민주화 운동에 앞장섰죠. 목사님들이 감옥에도 가고, 설교로 늘 용기를 주셨어요."

민가협 활동과 어머니들의 연대

"민가협 어머니들은 잡혀도 두려워하지 않았어요. 경찰들도 엄마들은 주먹질 안 하더라고요. 엄마라는 건 무서운 거예요."

"처음에 민가협이 시작할 때는 흰색 머리띠를 했어. 그런데 나중에는 보라색으로 색깔이 바뀌었는데 보라색은 고난의 색을 말하는 것이죠."

임기란 어머니와의 인연

"민가협 초창기 동지 중에 가장 기억에 남는 사람은 신철이 엄마, 임기란 어머니에요. 임기란 어머니는 민가협에 헌신을 많이 하신 분이에요. 진짜 많이 했어요."

나에게 민가협이란

"민가협은 나로서는 최고로 무섭기도 하고 큰 단체예요."

"나라를 위해서 하는 일이니까. 나 같은 이런 힘 없는 사람이라도 말 한 마디라도 보탬이 된다는 이제 이런 뜻으로."

어머니의 마지막 소회

"아들이 무사히 살아서 그 시절을 다 치르고 나왔으니 장하게 생각해요. 우리 민가협 어머니들이 싸워서 오늘의 민주주의가 있는 거예요."

"소감이라고 할 게 뭐 있겠어요. 엄마로서, 이 나라 국민으로서 내 마음에 이것이 옳다고 생각하니까 옳은 길로 밀고 나왔던 거죠."

이영 어머니 구술 기록

이영 어머니

1942년 출생. 큰아들 백인승(83학번, 동국대)이 1988년 미문화원 점거 사건과 같은 해 민정당사 진입 사건으로 구속되자, 아들의 후배 권유로 민가협과 함께했습니다. 양홍관, 송광영, 김종태 어머니들과 아들이 있는 안기부 장안평 대공분실로 달려가 철문을 두드리며 항의한 끝에, 이튿날 동대문경찰서에서 면회를 성사시켰습니다.
이영 어머니은 2000년부터 민가협 활동을 본격적으로 하며, 2002~2005년 4년간 민가협 부회장, 2006~2009년 4년간 상임의장을 역임했으며, 37년간 민주주의와 인권, 평화통일을 위해 헌신해 오셨습니다.

\# 어린 시절과 성장 배경

"저는 전남 담양군 대전면 대치리에서 태어났고, 광주와 보성에서 초등학교를 다녔습니다. 공부는 제가 잘했어요. 그런데 집안이 어려워서 중학교는 못 갔어요."

\# 아들 백인승의 학생운동

"아들이 대학 시절 민주화운동에 참여했을 때 처음에는 잘 몰랐어요. 그러나 경찰이 연락해서 알게 됐죠. 동국대학교 다녔는데 파출소에서 한번

오라고 연락이 왔어요. 아들한테는 '너 운동하는 거 말리진 않을 테니까 앞에 서서 하지 말고 뒤에서 해라' 했습니다."

민정당사 사건과 구속

"우리 아들은 민정당 중앙당사에 사제 폭탄 들고 들어갔어요. 처음 하나를 던졌는데 터지지는 않고 땅으로 떨어져서 잡혔대요. 그때 신문에도 나고 방송에도 나왔습니다."

민가협과의 첫 인연

"아들이 구속된 뒤, 아들 학교 선배의 안내로 민가협을 찾아갔어요. 학교 선배가 와서 '어머니, 인승이 면회 가시려면 민가협으로 가야 합니다' 하더라고요."

"거기 가니까 김종태 열사 어머니, 송강원 어머니 두 분이 계셨어요. 그분들이 같이 가자고 손잡아 주셨습니다."

아들을 향한 미안함과 사랑

"일주일에 두 번밖에 면회를 못 갔어요. 인승이 아버지가 싫어하셔서 몰래 갔어요. 지금 생각하면 그게 제일 마음이 아픕니다."

교도소에서 본 아들의 따뜻한 마음

"인승이가 '빵을 많이 사서 넣어 주세요' 하길래 왜 그러냐 했더니 '저 먹으려는 게 아니고 면회 안 오는 소년범들 좀 주려고요' 하더라고요. 참 마음이 짠하면서도 자랑스러웠어요."

민가협 활동의 시작

민가협에 참여하면서 동국대 어머니들과 함께 분식점을 운영하며 생계를 이어갔어요. 동국대 복지관 분식점에서 6년 동안 일했습니다. 일은 힘들었지만 학생들과 어머니들이 있어서 버틸 수 있었습니다."

총무와 회장으로서의 활동

"민가협에서 총무로 4년, 회장으로 4년 동안 활동했어요. 한창 활동할 때는 하루에 네 군데 집회도 갔어요. 하루도 안 빠지고 민가협에 나갔습니다."

노무현 대통령과 국가보안법 폐지 투쟁

"노무현 대통령이 너무 젊은 나이에 가셔서 가슴이 아팠습니다. 우리가 더 힘을 실어드렸어야 했는데, 그게 두고두고 마음에 남아요."

"국가보안법 폐지를 위해 2004년에 단식농성도 하고 싸웠는데, 결국 한 줄도 못 고쳤어요. 국회에 들어간 사람들도 와서 인사 한마디 안 하더라고요. 그때는 정말 실망했어요."

함께한 동지들

"임기란 어머니는 카리스마 있으시고, 잘못하면 야단치시고 또 감싸주셨어요. 또 늘 민가협과 함께하고 민가협을 아껴주셨던 오종렬 의장님은 진보 진영의 구심점이셨습니다."

나에게 민가협이란

"민가협은 제 가슴을 활짝 열어젖혔습니다. 혼자는 못 해도 여러 어머니가 함께하니 신명 났습니다."

오늘의 시대와 시민들

"윤석열은 인간이 아닙니다. 그래도 시민들이 막아냈어요. 그게 희망이에요. 전대협 청년들은 진짜 의리 있는 사람들입니다."

민가협 어머니들에게 전하는 인사

"이제 다들 연세가 있으시니 건강 잘 챙기시고 행복하셨으면 좋겠습니다."

이철 선생
구술 기록

이철 선생

1948년 일본 출생. 1975년 11월 '재일동포 유학생 간첩단 사건'으로 구속돼 사형을 선고 받았고, 이후 무기징역으로 감형되어 수감생활을 이어갔습니다. 1988년 석방 뒤에는 '재일양심수동우회'를 조직해 국내 양심수 석방을 위해 적극 나섰습니다. 장모인 조만조 선생이 민가협 초대 공동대표를 맡아 사위의 구명과 석방을 위해 헌신하셨습니다. 2015년 재심에서 무죄를 선고받았습니다.

일본에서 태어나 민족의식을 깨닫다

"저는 1948년 10월에 일본의 남쪽 규슈 구마모토현 히토요시에서 태어났습니다. 그 고장에서 초, 중, 고등학교를 졸업하고 동경 중앙대학교에 67년도에 입학했습니다. 대학 시절 교포 학생들이 만든 '코리아문화연구회'에서 활동하며 처음으로 조선인으로서의 역사와 현실을 마주하게 되었습니다."

"주오대학교에는 교포 학생이 140명쯤 있었어요. 조총련계도 있고 민단계도 있었죠. 처음엔 혹시 조총련계만 있는 줄 알고 망설였는데, 민단 학생들도 있다는 말을 듣고 들어갔어요."

"대학교 들어갈 때까지 일본 이름으로 살았어요. 그런데 '이철'로 학적

을 바꾸면서 결심했죠. '이제 나는 한국인으로 살아야겠다.' 한국의 대학생들과 함께 시대정신을 공유하고 싶어서 결국 유학을 결심했습니다."

민족의식을 심어준 아버지의 가르침

"아버지는 민단 창립 멤버 중 한 분이셨습니다. 아주 반공, 반북의 인물이셨죠. 그래도 어릴 적부터 안중근 의사 이야기를 늘 들었습니다. 1년에 한 번은 안중근 의사 사진을 펼쳐놓고 '이분이 안중근 선생이다, 이분은 부인이다, 아들은 누구다' 하며 가르치셨어요."

"어릴 때 일본 아이들이 '조센진'이라 부르면 울며 돌아왔는데, 아버지는 '너는 조센진이 아니라 한국 사람이다'라고 하셨습니다. 그 말이 어린 마음에는 위로가 되지 않았지만, 나중에 생각해보니 민족의식의 씨앗이었어요."

조국으로의 귀향, 그리고 유학

"민족의식이 싹트면서 한국어와 한국의 현실을 배우고자 유학을 결심했습니다. 서울공대 안에 재외국민교육연구소라는 곳이 있었어요. 거기서 1년 동안 우리말과 역사를 배우고, 1973년 고려대학교 대학원 정치외교학과에 입학했습니다."

"편입하려고 했지만 제도가 없다고 해서 대학원으로 갔습니다. 그때부터 한국에서 본격적으로 민족의 현실을 보게 됐죠."

재일동포 유학생 간첩단 조작사건

하지만 그는 1975년 12월, '재일동포 유학생 간첩단 사건'의 희생자가 되었습니다.

"그해 11월 22일에 사건이 발표됐어요. 저는 12월에 끌려갔습니다. 당시 김기춘 씨가 스물한 명을 검거했다고 발표했는데, 그중 상당수가 재일동포 유학생이었어요. 저는 그중 한 명이었습니다. 1심, 2심, 3심 모두 사형이었습니다. 사형수로서 살았죠."

"이 사건은 당시 박정희 정권이 국내외 민주화운동의 흐름을 차단하기 위해 조작한 대표적 간첩사건이었습니다. 재일동포를 간첩으로 이용한 첫 시도는 71년 서승·서준식 형제 사건이었어요. 그리고는 75년엔 진짜 재일동포들을 대거 잡은 겁니다. 민주화와 통일운동이 국내로 확산될까 미리 차단하려는 목적이었죠."

사형수로 살았던 세월

"사형수로 3년 6개월 동안 있었습니다. 박정희가 죽기 두 달 전, 1979년 8.15에 무기로 감형받았어요. 그 후 1981년에 20년형으로 또 감형됐고, 결국 13년을 살고 1988년에 나왔습니다."

"사형수로 지낼 때는 언제 '사형 집행'이 떨어질지 몰라 늘 공포 속에 살았습니다. 하루가 1년 같았죠."

일본의 구명운동과 고립된 국내 현실

"국내에서는 아무도 움직일 수 없었어요. '간첩 사건'이니까 아무도 가까이하려 하지 않았습니다. 공덕귀 여사님이나 가톨릭 인권위원회에서 영치금을 넣어 주신 적이 한두 번 있었죠. 그게 다였습니다."

"일본에서는 고등학교 동창들이 구명운동을 벌였어요. 전국에 13개 구원회가 있었고, 지금도 해산하지 않았습니다."

교도소의 폭력과 '7.31 사건'

"1985년 대구교도소에서 처우개선을 요구하던 중, 동료들과 함께 가혹한 폭행을 당했습니다. 당시만 해도 밥과 반찬이 너무 형편없었고, 운동시간도 짧았고, 방에는 10명씩 넣었어요. 우리가 항의하자 지하실로 끌고 가서 8시간 반 동안 쉬지도 않고 때렸습니다. 저는 세 번 기절했습니다."

"이 사건은 '대구교도소 7·31 사건'으로 알려졌는데, 약혼자인 민향숙 씨가 문익환 목사님께 알렸어요. 그분이 버스를 대절해 항의 방문을 오셨고, 국회에서도 진상조사를 했습니다. 특히민가협 어머니들이 항의하러 오셨다고 들었을 때, 정말 눈물이 났습니다."

감옥 안으로 들려온 민가협의 이름

"가족들이 면회 올 때마다 민가협 이야기를 들었습니다. 장모님이 민가협 창립 때 공동대표를 맡았지요. 모두 다섯 개의 단체가 합쳐 민가협이 만들어졌다고 해서 '이제 우리도 인정받을 수 있겠구나' 싶었어요."

"김민석 의원 어머니, 박신철 어머니(임기란 회장님), 이영희 교수님 사모님 같은 분들의 이야기를 들었죠. 안에 있던 우리에게 민가협은 한줄기 빛이었습니다."

어머니들의 헌신과 변화

"어머니들은 처음엔 자기 자식의 억울함 때문에 나오셨지만, 다른 어머니들을 만나면서 '우리 모두의 아들, 딸'로 확장되었어요. 우리 장모님도 처음엔 대구 경산의 과수원 아주머니였어요. 하지만 점점 민주주의를 배우고, 투쟁의 맨 앞에 서셨죠. 기동경찰도 민가협 어머니들 앞에서는 손을 못 댔어요. 오히려 경찰들이 '어머니 조용히 해주세요' 하고 부탁했죠."

장모 조만조 여사의 활동

"우리 장모님은 겸손한 분이셨지만, 정말 강한 분이었습니다. 돈이 부족하면 김수환 추기경님께 찾아가 '민가협에 돈이 없습니다' 하셨대요. 추기경님이 제2헌금으로 모아주신 돈을 받아오셔서 민가협 자금으로 쓰셨습니다."

"일본 구원회 사람들이 한국에 오면, 우리 장모님이 늘 안내하셨습니다. 검찰청, 교도소, 민주당사까지 다 데리고 다니셨어요. 일본 사람들은 장모님을 '재일동포 양심수의 어머니'라고 불렀습니다."

"민가협 어머니들도 '민향숙 엄마'가 아니라 '이철이 장모'라고 불렀죠. 그게 자랑스러우셨던 것 같아요."

출소와 민가협의 환영

“1988년 10월 3일, 개천절에 출소했습니다. 민가협 어머니들과 박용수 선생님, 신영복 선생님이 함께 오셨습니다. 그날 신부님이 점심을 사 주신 자리에서, 처음으로 민가협 어머니들을 만났습니다. 그분들의 손을 잡고 정말 울었습니다.”

출소 이후 일본에서의 활동

“출소 후 1990년 ‘재일한국양심수동우회’를 결성해 양심수 지원, 서예 전시회, 북한 수해민 돕기 운동을 이어갔습니다. 매년 11월 22일, 사건 발표일을 기억하며 집회를 했어요.”

“신영복 선생, 문익환 목사님, 박용길 장로님 같은 분들을 초청해 강연회를 열었고, 서예전시회를 통해 자금을 모아 쌀을 사서 칼리타스재팬을 통해 북한 주민들에게 보냈습니다. ‘조선 사람은 쌀을 먹어야 한다’는 생각이었어요.”

재심과 명예 회복

“2010년부터 재심 운동을 시작해 지금까지 40여 명이 무죄를 받았습니다. 저도 2015년에 무죄를 선고받았습니다.”

“2019년 문재인 대통령이 오사카에서 G20 회의 중 저희를 만나 정식으로 사과했습니다. 2018년엔 양심수동우회가 ‘김근태 민주주의자상’을 받았습니다.”

민가협 40주년에 부쳐

“민가협이 만들어졌다는 것은 우리에게 큰 용기였습니다. 면회 때마다 ‘누구 어머니가 이런 일을 했다’는 이야기를 들으며 우리가 잊히지 않았다는 걸 느꼈어요.”

“지금은 많은 어머니들이 세상을 떠나셨지만, 그분들은 한국 민주화의 어머니들입니다. 후세들이 그분들의 뜻을 기억하고, 기록으로 남겨야 합

니다. 그것이 민주주의를 이어가는 길이라고 생각합니다."

"민가협 어머니들의 존재가 없었다면, 우리 양심수들은 버티지 못했을 겁니다. 그분들은 고난 속에서 민주주의를 피워낸 어머니들이었습니다."

이해동 목사
이종옥 여사
구술 기록

이해동 목사 · 이종옥 여사

두 분은 1970년대 한국 민주화운동의 한가운데에서 교회와 시민운동의 연대를 이끈 분들입니다. 한빛교회 이해동 목사님이 1976년 '3·1민주구국선언'으로 구속되자, 이종옥 여사는 다른 구속자 가족들과 함께 석방운동에 나섰습니다. 이때 결성된 '구속자가족협의회(구가협)'가 훗날 민가협 창립의 모태가 되었습니다.

민주화운동의 시작 — 민청학련과 구속자가족협의회

"민청학련 사건이 1974년이니까, 그때 가족들의 모임이 처음 만들어졌어요. 공덕귀 여사가 회장이고, 부회장이 김윤식 씨였죠. 총무는 김한림 선생님이었어요. 아주 일을 잘하는 분이셨죠. 서강대 김윤 학생 어머니, 김윤 엄마도 같이 했습니다."

"그게 가족운동의 시초였어요. 그 후에 양심수가족협의회로 이어졌습니다."

3·1 민주구국선언과 여성들의 거리투쟁

"1976년 3·1 민주구국선언 사건으로 이해동 목사님을 비롯해 많은 종

교인, 지식인들이 구속됐죠. 저는 그때 38살이었어요. 막내였죠. 목사님들이 구속되니까 저희가 나섰어요."

"처음에는 양산에 '양심수 석방', '공개 재판하라'는 글씨를 써서 펼쳤어요. 종로5가 기독교회관에서 모여서 직접 만들었죠. 그때는 공개 재판도 없었으니까, '공개 재판을 하라'고 쓰인 양산을 들고 법원까지 걸어갔어요. 재판정 앞에서 양산을 펼쳐 들고 '거리의 시위'를 만들어냈습니다."

"형사들이 명령이 떨어지기 전엔 못 뺏어요. 그래서 잠깐이라도 펼 수 있었죠. 외신 기자들이 찍고 나면 바로 달려들어 뺏어갔어요. 그다음엔 부채에 '공개 재판', '양심수 석방'을 써서 들었어요. 휴대하기 좋았거든요. 그때마다 다 뺏겼지만요."

보라색 한복과 저항의 상징

"첫 재판 때 머리끄덩이를 잡히고 질질 끌려 나가서 너무 상처를 받았어요. 그래서 생각했죠. 한복을 입자. 그럼 저 사람들도 쉽게 못할 거다. 그때부터 보라색 한복을 입었습니다. 고난을 상징하는 색이었죠. 그 보라색이 훗날 민가협의 상징이 되었습니다."

투쟁의 방식과 연대의 확장

"우리들은 상징물 제작, 해외 연대, 재정 자립 등 창의적인 방식으로 운동을 이어갔습니다. 뜨개질해서 판매하고, 그 돈으로 영치금을 전국에 보냈어요. 서울구치소 무의탁 제소자들에게 내복을 사서 넣었고, YH 사건이 터졌을 때도 수놓은 손수건을 팔아 가족들을 도왔어요."

"우리는 우리 사건만 한 게 아니에요. 학생, 노동자, 구속자 가릴 것 없이 모두의 싸움이었죠."

해외 연대 — 폴 슈나이스 목사 가족의 헌신

"해외 연대는 주로 엠네스티, 교회 인권위원회, 그리고 해외 한인 교회와 연결됐습니다. 그중에서도 독일의 폴 슈나이스 목사님이 있었어요. 부인이 일본 분이신데, 재판마다 한국에 와서 기록을 다 적고 방송으로 알렸어요."

"나중에 입국이 금지되자 부인과 딸이 대신 왔어요. 온 가족이 한국 민주화운동을 위해 헌신했죠."

교회가 품은 민주주의 — 갈릴리교회와 한빛교회

"이해동 목사님은 '갈릴리교회와 한빛교회'를 중심으로 신앙과 저항을 결합시켰습니다. 한빛교회는 1970~80년대 재야 민주세력의 피난처이자 연대의 거점이었습니다. 갈릴리교회는 원래 신학자들이 '독일 고백교회처럼 교회다운 교회'를 만들어보자 해서 시작됐어요. 대성빌딩에서 예배를 드리려 했지만, 압력이 심해 문을 닫았고 결국 한빛교회로 왔죠. 그래서 3·1 민주구국선언은 갈릴리교회의 작품이에요."

"한빛교회는 교인들이 참 고마웠어요. 형사들이 지켜서 있는데도 예배를 드리러 들어왔죠. 진짜 용감한 교회였어요."

감옥과 고문, 그리고 가족의 싸움

"1976년에 이어 1980년 김대중 내란음모 사건으로 다시 구속된 이해동 목사님은 중앙정보부 지하실에서 두 달 이상 고문을 당했습니다. 밤에 끌고 가서 50일 동안 아무도 소재를 몰랐어요. 지하 2층에서 살았습니다."

"들어가자마자 옷을 벗기고 군복으로 갈아입혔대요. 그게 바로 80년 김대중 내란음모 사건의 실체예요. 없는 사건을 만든 거죠."

"저는 남편의 행방을 찾기 위해 전국의 군부대를 찾아다녔습니다. 육군본부 지도를 펴놓고 다 확인해서 찾아갔는데 면회를 시켜주질 않아요. 결국 실종신고를 냈죠. 그제야 일주일 후에 '조사 중이라 연락 못 드린다'는 답을 주더군요."

법정의 증언 — "재판정이 울음바다가 됐다"

"남편이 군사법정에서 고문받은 일을 폭로했어요. 속옷에 묻은 피멍을 가족이 볼까 봐 못 내보냈다고 하면서요. 그 말을 듣고 피고들도, 방청객도 다 울었어요. 재판정이 울음바다가 됐습니다."

"그때는 구속자의 여성 가족들이 기록자이자 증언자였습니다. 펜도 못 들고 들어가니까 머리로 다 외웠어요. 밖에 나와서 식당에 모여 기억을 복기했죠. 오후 재판 들어가면 경찰이 메모지를 싹 빼앗아 태워버렸어요."

1980년대 이후 — 민가협으로 이어진 연대

"민가협의 결성은 1970년대 '구속자가족협의회'와 '3·1민주구국선언사건' 가족들의 연속 위에서 이뤄졌습니다. 이해동 목사님은 1980년대 후반까지 교회 공간을 시민들에게 개방하며 '민주주의의 피난처'를 지켰죠."

"학생 구속자가 너무 많았어요. 개인이 아니라 단체로 해야겠다 싶었죠. 그렇게 모이던 게 결국 민가협 결성으로 이어진 거예요."

해외 유학과 민주화운동 네트워크

"저희는 1980년대 중반에 김관석, 안병무 목사의 권유로 영국과 독일로 건너갔어요. 안 박사가 '이 목사, 독일 가서 애들 공부나 시켜라' 그러더라고요. 그런데 거기서도 편하지 않았어요. 한국에서 구속 소식이 들리면 병이 날 정도였어요. 독일 의사가 '당신 병은 한국에 가야 낫는다'고 했어요. 결국 돌아왔죠. 해외에서도 활동하며 해외 민주화 네트워크를 이어갔습니다."

민가협의 의미

"민가협은 개인을 위한 게 아니라 나라의 민주화를 위해 가족들이 희생한 단체예요. 역사라는 건 연속성이 있어야 하는데, 그걸 늘 강조했죠. 어떤 가족이든 다 같은 뜻이었어요. 아들이 시위하다 갔든, 남편이 잡혀갔든 똑같은 고통을 나눈 거예요."

"정권 잡은 자들도 민가협을 두려워했어요. 가족들이 흘린 눈물과 피가

민주주의의 밑거름이 됐습니다."

"이건 아니다 싶으면 우리는 투쟁했다"

"나는 정치목사가 아닙니다. 단지 '이건 아니다 싶으면 투쟁했다'는 것뿐이에요. 목사로서, 인간으로서 해야 할 일을 했습니다."

"남편 잘못 만나 수난의 세월을 살았지만, 아픔을 함께 나눈 가족들과의 연대가 저를 살렸어요. 함께 울고, 붙잡고, 위로하는 게 가장 큰 힘이었어요."

인재근 선생
구술 기록

인재근 선생

1953년 강화도 출생. 1985년 당시 남편 김근태 민청련 의장이 구속되자 석방운동에 나섰고, 김근태 의장의 고문 피해 사실을 폭로하며 고문수사관 이근안의 존재를 밝혀냈습니다. 민가협 창립에 주도적으로 참여했고, 창립 이후 총무를 맡아 양심수 어머니들의 손발이 되어 현장을 지켰습니다. 이후 19·20·21대 국회의원을 지내며 민주화와 인권 증진과 제도 개선에 힘썼습니다.

혹독한 고문 수사로 조작한 민청련 사건

"민청련이라는 단체는 전두환 독재 시절 학생운동을 하다가 제적당하거나 구속된 청년들이 결성한 청년 단체였습니다. 남편 김근태 씨가 의장을 맡았는데, 고문을 당하고 구속되면서 민청련 사건이 시작됐어요. 그 아내들이 석방 운동을 하려다가 제가 중심에 서게 되었죠."

"민추위라는 그 서울대를 중심으로 한 그 학생운동의 배후가 민청련이다. 이렇게 돼 가지고. 그래서 이제 민추위가 먼저 잡혀갔죠. 그리고 그 배후라고 해서 민청련을 이제 치기 시작한 거죠."

"당시 김근태 의장을 비롯해서 고문을 많이 당했죠. 특히 이을호씨가 장신적으로 큰 고통에 시달릴 만큼 혹독하게 당했어요. 그분을 석방시키는 게 굉장히 힘들었어요. 그러고 제가 남편의 고문을 폭로한 뒤로 그 이후에

구속되는 사람들은 고문을 안 당했어요."

"남편을 남영동에서 검찰청으로 송치하는 날, 엘리베이터 앞에서 고문 사실을 알게 됐습니다. 그날 밤부터 기독교회관 9층 인권위원회에서 농성을 시작했어요. 정치인, 종교인, 구속자 어머니들, 장기수 가족들이 함께 찾아와 서로 격려했죠."

민가협 창립의 계기

"그래서 민가협을 창립하게 된 것은 그 농성 과정에서 자연스럽게 학생 가족은 학생 가족대로, 노동자 가족들도 뿔뿔이 흩어져서 활동하는 것보다 함께 뭉쳐서 활동하면 훨씬 효과적일 것 같다. 그리고 특히 장기수 가족들이 외롭고 하니까 같이 했으면 좋겠고. 인재근이 중심에 섰으면 좋겠다 하는 그런 제안을 받았어요."

"저는 어차피 이제 남편과 민청련을, 민청련을 지켜야 하고. 남편 석방 운동도 해야 되니까 하겠다, 다 같이 함께 석방 운동을 하는 것이 우리가 민주화를 앞당기는 일이니까 하겠다 해서 민가협을 창립하게 됐어요."

젊은 아내들의 주도적 역할

"민가협 초기에는 젊은 아내들이 앞장서 투쟁을 이끌었죠. 수사기관도 두려워했죠. 정보부원 이름까지 유인물에 박아서 '쪼무래기 물러가라' 하고 뿌렸어요. 이들의 기동력과 결단이 단체의 성장을 이끌었죠. 다들 학생운동 경험이 있는 사람들이었고. 또 그래서 그런 짝들을 만났지만요. 그 덕분에 민가협이 초창기부터 활발하게 일할 수 있었던 것 같아요. 아내들 덕분에. 어머니들은 처음에는 겁나서 잘 못하셔. 물론 나중에 다 투사가 됐지만요."

"세상 물정을 잘 모르고, 그냥 집에서 아이들 키우면서 살림만 하는 어머니들이 자기 자식이 구속되고, 벌벌 떨면서 이거 어떻게 해야 되나 하던 차에 민가협을 만나고, 민가협의 젊은 아내들을 통해서 조언을 받고, 이런 과정을 지나면서 어머니들이 나중에는 다 투사가 되셨죠."

"수사기관에 끌려갔을 때 어떻게 해야 고문 안 당하는지 그런 것도 다 말씀드리고, 구치소에 면회 가면 이런 책을 넣어주고 이런 얘기를 해주라고 조언했죠. 그리고 시사성 있는 것도 다 공부를 시켰어. 어머니들한테. 책을 모아 문고 활동도 했어요. 민가협에서 책도 빌려보고 그러면서 어머니들도 '의식화'가 됐죠."

"재판정에 갈 때도 혼자 가는 게 아니고 엄마들이 몰려서 가는 거야. 그리고 이 재판 가면 저 재판도 가주고, 그렇게 품앗이했죠. 점점 이렇게 하는 거구나 알게 되고, 이렇게 해야 우리 아들이 빨리 나온다고 알아 나갔죠. 또 우리 아들이 나오는 것만이 목표가 아니고, 독재정권을 물리치고 민주화가 돼야 우리 아들도 석방되고 또 다른 또 구속자가 생기지 않는다는 걸 깨달으면서 나중에는 진짜 열심히 싸우시고."

민가협 총무로서 역할과 헌신

"총무는 실무 책임자였습니다. 구속자 가족들의 얼굴 역할도 했죠. 저도 아이들이 4살, 7살로 어렸지만 아주버님 댁에 맡기고 활동했어요. 아주버님 댁도 아이들이 네 명 있었는데 제 아이 둘까지 얹혀 키워주셨네요."

가족의 사랑과 신념이 만든 힘

"가족을 믿고 가족이 한 일을 함께해야 한다는 동지적 의식이 있었습니다. 그러나 한편으론 어머니들은 잡혀간 자식만 생각하고, 아내는 잡혀간 남편과 집에 남은 자식들까지 생각해야 했죠. 그래서 어머니는 물불을 안 가렸는데, 아내는 집에 남은 자식들 때문에 그렇게 싸우지는 못했어요. 어머니와 아내의 싸움은 그래서 조금 달랐어요. 그래도 모두 가족 사랑이 원동력이었습니다."

고난 속의 활동

"경찰이 난지도나 미사리 같은 데다 버려두면 트럭을 얻어 타고 돌아오기도 했어요. 여기다 한 명, 저기다 한 명, 이렇게 떨어뜨려. 그런 거 되게 힘들었어요. 그때 우리가 차가 있었나요. 택시를 탈 돈이 있었겠어요. 그런 게 참 힘들었죠."

"그래도 우리 끄떡없었어. 그냥 뭐 계속하는 거야. 어머니들도 너무 열심히 하시고. 어머니들도 민가협에 출근하듯 나오셨어요."

민가협 이후의 활동

"1988년까지 민가협 총무로 활동한 뒤, 조무하 총무에게 넘기고 민통련 인권위원장을 맡았습니다. 남편이 정치권에 가기 전까지 재야에서 활동했어요."

민가협의 의미와 삶의 원동력

"제가 30대 초반에 민가협을 했는데, 30대 초반이면 한창 활동할 시기잖아요. 그때가 가장 열심히 살았던 것 같아요. 가장 힘들기도 했고. 그렇지만 가장 많은 것을 배웠고, 많은 것을 얻었어요. 그 이후의 활동에도 민가협 활동이 원동력이 됐어요. 지금도 좀 힘들다 괴롭다 싶다가도 그때 생각을 하면 내가 이렇게 살면 안 되는데 하고 각성하게 만들어 주는 그런 시기였어요. 그만큼 민가협은 제 삶의 원동력이 되었나고 생각합니다"

민가협의 역사적 역할과 미래

"민가협은 군사정권 시절 유일하게 공개적으로 활동한 단체 중 하나였죠. 그 당시는 공개 단체들이 전부 활동을 못할 때 민가협이 유일하게 활동한 거예요. 독재정권을 무너뜨려야 했기 때문에 우리 엄마들은 전부 민주화 운동가가 되었고요. 우리 사회의 민주화와 인권을 지키는 단체로서 어느 시대든 정권이 바뀌고 그래도 민가협은 계속 민주화와 인권을 지키는 단체로 남았으면 좋겠습니다."

"요새는 여러 가지 참사 사건이 많이 일어나잖아요. 그 사람들을 품는 민가협이 돼서 그분들을 위로하고 또 그분들한테 필요한 싸움을 같이 해주는 역할로 확산했으면 좋겠습니다. 저는 그렇게 생각해요."

40주년을 맞이하며

"우리 민가협을 사랑해 주시고, 기억해 주시는 많은 분들께 너무 감사드리고요. 그동안 우리 민가협 회원 여러분들 고생 많이 하셨습니다. 축하드립니다."

임기란 어머니 둘째 딸 박명숙 구술 기록

故 임기란 어머니

임기란 어머니는 다섯 남매의 어머니였습니다. 남편이신 박희봉님과 결혼하여 딸 셋, 아들 둘을 두셨으며, 막내아들 박신철 씨의 구속을 계기로 민가협 활동을 시작하셨습니다. 이후 거리와 법정, 교도소와 안기부 앞을 가리지 않고 민가협 활동에 전념하시어 '거리의 어머니', '양심수의 어머니'라 불리셨습니다.

딸 박명숙

약사 출신으로 민주화운동, 여성운동, 평화·통일운동, 보건의료 등 다양한 분야에서 활동해 왔고, 현재 '(사)평화를 일구는 사람들'의 대표를 맡아 '한반도의 평화통일'과 '동아시아의 평화'를 위해 노력하고 계십니다.

가족 소개와 구속의 시작

"저희가 위로 딸 셋, 밑으로 아들 둘인데, 원래는 제 위로 아들이 있었어요. 근데 4살 때 잃으셔 가지고 지금 다섯 남매를 두셨습니다."

"막내 박신철이 민정당 연수원 점거 농성 사건 관련으로 수배가 됐어요. 그리고 어느 날 집 앞에서 끌려갔어요."

아들의 체포와 어머니의 직감

"1985년인데, 엄마가 굉장히 직관력이 높으신 분이었어요. 몇 년 동안 애가 어디 있는지 몰라도 그렇게 걱정 안 하셨는데, 그날은 불안해했어요. 제가 병원에 있었는데 전화를 받는 순간에 직감했어요. 아, 애가 뭔가 이상하다. 그래서 기독교회관에 가보라 했어요."

"엄마가 종로5가 기독교회관에 갔더니 이소선 여사가 여러 어머니들과 함께 시위를 하고 있었대요. 엄마가 '우리 아들이 끌려간 것 같다' 하니까 이소선 여사가 '어떻게 생겼냐' 물으셨대요. 그랬더니 엊그제 남영동 앞에서 택시에서 끌려가는 애를 봤다고 하더래요."

남영동 앞에서 들은 고문 소식

"서대문경찰서에서 아이를 찾는데 한 사람이 나와서 이제 우리 사회는 더 이상 고문 같은 게 없으니까 그런 거 걱정하지 말고 집에 가라는 거예요. 그때 엄마가 벌떡 일어나서 '신철아!' 하고 부르셨는데 세 번도 안 불렀는데 '네!' 그러고 대답이 왔어요. 그때를 생각하면 지금도 쭈뼛쭈뼛해요. 결국 그 안에 있었던 거죠."

"그 높은 사람이 '털끝 하나 안 건드린다'고 했는데, 나중에 내의를 받았더니 피가 묻어 있었어요. 그때서부터 모든 식구들이 초비상이었어요. 기소까지 한 달 넘게 걸렸고, 재판에서 집행유예 6개월 받았는데 나중에 들으니 고문을 엄청 많이 받았대요."

"지금도 생각하면 치가 떨려요. 우리 신철이는 그때부터 이빨이 다 빠졌어요. 고문으로 이가 한 개도 없어요. 젊은 날부터 계속 빠지기 시작해서… 그래서 저는 '치가 떨린다'는 말을 알아요."

평범한 어머니에서 투사가 되기까지

"그전에는 '존경하는 대통령님, 불온한 친구들한테 꾀임 당해 이렇게 됐으니 아들을 살려주십시오'라고 편지를 쓰던 분이었어요. 그런데 아들이 고문당하고 나서부터 완전히 달라지셨어요."

“엄마는 포항여고를 나오셨고, 전쟁 중에 천막학교를 세워서 아이들을 가르쳤어요. 전쟁통에 결혼하셔서 가진 것 없이 시작했지만, 판단력과 직관력이 대단하셨어요.”

시대를 꿰뚫는 통찰력

“12·12 사태 직후였는데, TV에 전두환이 찍힌 사진을 보고 ‘이게 굉장히 중요한 장면이다’ 하셨어요. 나중에 보니 정말 그랬어요.”

“초등학교 때 김대중 후보를 찍었다고 하셔서 저는 ‘우리 엄마가 빨갱이 아닐까’ 생각했어요. 그런데 엄마는 ‘박정희만으로는 안 된다, 다른 대안이 필요하다’고 하셨어요. 그런 분이었어요. 원래부터 투사는 아니었지만, 시대가 만들어낸 영웅이셨죠.”

가족의 뒷받침

남편 박희봉 선생은 평생 아내의 활동을 지지했고, 가족 전체가 어머니의 헌신을 뒷받침했습니다.

“아버지부터 저희 5남매는 엄마가 굉장히 긍정적이 되고, 또 많이 아프셨던 분이 민가협 활동을 하면서 안 아파지시는 기를 봤어요. 그래서 저희는 엄마의 활동을 적극적으로 지지했던 것 같아요.”

“특히 아버지는 철저한 지원자셨어요. 퇴근 후엔 엄마의 비서였죠. 민가협 바자회 때 서울대까지 차로 재료를 나르고, ‘이거 하이소!’ 하면 바로 움직였어요. 82세 되던 해까지 그렇게 하셨어요.”

“아버지는 원래 철저한 반공주의자였지만, 고문과 불의의 현실을 보면서 바뀌셨어요. ‘불의에는 타협할 수 없다’는 양심이 있으셨죠. 그래서 엄마의 든든한 지지자셨습니다.”

투사의 기운, 그리고 일상의 따뜻함

“엄마가 거리에서 투쟁할 때 욕도 잘하고 소리도 질렀대요. 동생들이 ‘엄마 욕 엄청 잘했어’ 그러더라고요. 현장에서는 누구보다 강인하고 기운

이 넘치는 분이셨죠. 철문을 흔들며 고함치시고, 전경들도 엄마를 보면 도망갔대요."

"집에서는 청소 구역을 나눠서 시키고, 안 하면 혼났기는 했지만 가족에게는 따뜻하고 유쾌한 어머니였어요."

\# 민가협의 상징

"1988년에 양심수들이 대거 석방됐을 때도, 1997년 DJ가 당선됐을 때도 너무 좋아하셨어요. 그런데 '이제 또 잡혀갈 사람들 있을 거다, 비전향 장기수들이 남아 있다'고 하셨어요."

"DJ가 초청했을 때 청와대에서 대통령께 장기수 문제를 직접 말씀드렸어요. 그 결과로 30~40년 만에 장기수들이 석방됐죠."

\# 불교인권상 수상과 마지막 메시지

"2017년 불교인권상을 수상할 당시, 건강이 좋지 않았지만 직접 참석하셨어요. 그때 병원에서 잠깐 나오는 것도 허락을 안 했는데, 꼭 나가시겠다고 하셨어요. 수상 소감에서 '어려움에 처한 사람, 부당하게 갇힌 사람을 살펴본다'고 말씀하셨어요. 이가 다 없고 건강이 안 좋으셨지만, 말씀은 또렷했어요. 올바른 일을 위해 싸우겠다는 그 한마디, 그게 전부였어요."

\# 임기란 어머니의 청렴과 원칙

"엄마가 돌아가신 뒤 수첩을 찾았어요. 천 원도 개인 돈과 공금이 정확히 구분돼 있었어요. 그래서 많은 사람들이 엄마를 인정했어요. 공적인 일엔 단 한 치의 흐트러짐도 없었어요. 엄마는 공사 구분이 철저하고, 원칙이 명확한 분이셨습니다."

\# 평생을 투쟁 속에 살아오신 분

"엄마는 이슈를 정확히 찍어냈어요. 서포트하는 간사 분들의 노력이 있었지만, 방향을 정하는 건 엄마였어요. 2012년까지는 몸소 뛰셨고, 이후엔 병마와 싸우셨죠."

"병원에서도 '드디어 나도 갇혔구나' 하시며 감옥이라 생각하셨어요. 평생 투쟁하셨던 분이었으니까요."

가족이 말하는 임기란 어머니

"엄마를 존경하고, 우리의 자부심이에요. 당신들은 영웅으로 태어난 게 아니라, 영웅으로 만들어진 분들이에요. 엄마 무덤의 명패에 '나의 삶은 괜찮은 삶이었습니다'라고 새겼어요."

민가협과 '삶의 동지들'

"엄마에게 민가협은 인생의 가장 소중한 연대이자 동지였죠. 엄마는 마지막까지 함께해 준 어머니들께 고맙다고 하셨어요. 저는 삶에서 동지를 발견하는 것만큼 행복한 일이 없다고 생각해요. 엄마에게 민가협은 '삶의 동지'였어요."

임기란 어머니가 남긴 말, "국가보안법 철폐"

"병석에서도 엄마는 시대를 향해 메시지를 남기셨어요. 그건 바로 국가보안법 철폐였어요. 또 마지막으로 찍은 영상에서는 '올바르게 살아라. 자기 일에서 최선을 다해라'고 말씀하셨어요."

조순덕 어머니
구술 기록

조순덕 어머니

1951년 출생. 1996년 아들 위영석(경원대 총학생회장)의 선배 장현구 열사가 분신한 이후 아들은 수배자가 되었고, 같은 해 연세대 8·15 행사 참석 이후 피신했습니다. 그때 아들이 어머니께 민가협 활동과 목요집회 참가를 요청하는 쪽지를 보냈고, 그렇게 조순덕 어머니는 민가협 어머니가 되었습니다. 이후 30년 가까이 민주주의와 인권, 남북 화해를 위해 싸우며 헌신해 오셨고, 지금은 민가협 상임의장으로 활동하고 계십니다.

민가협과의 인연

"1996년도에 경원대에서 유가협 회장님의 아드님이 분신했어요. 그때 우리 큰애가 총학생회장을 맡고 있었죠. 그 때문에 아들이 수배를 당했는데 그 일을 계기로 민가협을 알게 됐어요. 처음엔 무섭고 몰랐지만 좋은 분들을 많이 만나서 행복했어요."

학생운동과 가족의 변화

"처음엔 지지 안 했어요. 근데 교직원들이 학생들한테 너무 하더라고요. 나중에 보니까 학생들이 그럴 만했어요. 아들의 학생운동은 처음엔 이해

하기 어려웠으나, 현장을 보며 생각이 바뀌었어요. 그때는 양심수가 어마어마하게 많았어요. 교도소, 파출소, 안기부 좇아다니면서 면회시켜 달라고 싸우기도 했죠. 그러면서 저도 변한 셈이죠."

임기란 어머니와의 인연

"임기란 어머니는 제게 큰 영향을 주신 분으로, 활동의 스승이자 정신적 지주였어요. 임기란 어머님은 학생들을 너무 사랑하셨어요. 몸이 무거우셔도 집회에는 물불 안 가리고 나서셨어요. 어머니한테 혼도 많이 나지만 그만큼 따뜻했어요."

민가협 회장으로서의 책임

"임기란 어머니의 권유로 2003년부터 4년 동안 회장을 맡았어요. 능력은 없었지만 어머니들이 같이하자고 해서 했어요. 고생도 많았죠."

민가협 장터 활동

"서울대 대동제 때 봄가을로 장터를 했어요. 어머니들이 30~50명씩 모여 음식을 만들었죠. 서울대 총학, 김세균 교수님도 많이 도와주셨어요. 민가협 장터는 자금 마련과 연대를 위한 민가협의 대표 사업이었죠."

양심수를 위한 시와 노래의 밤

"겨울마다 표를 들고 국회, 노조, 의원실 돌며 팔았어요. 김대중 대통령 큰아드님도 참 잘해주셨어요. 힘들었지만 보람 있었어요."

교도소 항의와 면회 투쟁

"서울구치소에서 도시락 싸서 갔는데, 교도소 뜰에서 밥 먹은 사람은 민가협 어머니들뿐이라 했어요. 임기란 어머니는 교도관도 못 당하셨어요. 양심수 면회를 위해 전국 교도소를 다니며 싸웠던 기억은 잊을 수가 없어요."

장기수 선생님들과의 인연

"장기수 선생님들 짐 싸드리고, 북으로 가실 때 한 선생님은 가방 하나만 들고 가셨어요. '마음 가면 됐지, 물건이 뭐가 필요하냐' 하시던 말이 아직도 잊히지 않아요."

"민가협 어머니들도 2005년에 평양을 방문했어요. 북쪽 사람들은 참 순수했어요. 평양 시민들이 다가와서 손잡고 인사하더라고요. 남북이 계속 교류했으면 좋겠어요."

민가협의 의미와 어머니들의 연대

"민가협을 통해 세상을 보는 눈이 달라졌고, 사람을 귀히 여기는 법을 배웠어요. 처음엔 내 아들 생각으로 나갔지만, 나중엔 다 내 자식 같았어요. 어머니들끼리 가족보다 더 가족 같았어요."

국가보안법 철폐 투쟁

"민가협의 가장 중요한 활동 중 하나가 국가보안법 철폐 운동이었죠. 처음엔 왜 철폐해야 하는지도 몰랐지만, 나중엔 알게 됐어요. 독소 조항 몇 개만 없애도 좋았을 텐데, 이제까지 한 줄도 못 고쳤네요."

민가협 40년의 의미

"긴 세월 동안 함께한 민가협은 제 인생에서 가장 큰 부분이 됐어요. 민가협 나오길 잘했다는 생각이 들어요. 보람도 많았고, 사람도 귀하게 여기는 법을 배웠어요. 젊은 사람들은 없지만 지금은 전대협동우회가 도와줘서 힘이 돼요."

5장

나의 민가협 : 별이 된 이름

故 박용길 어머니
1919~2011

남편 문익환 목사와 함께 반독재투쟁에 동참했고, 1974년 민청학련사건과 1976년 3월 명동 민주구국선언 당시 구속·수감·투옥자의 가족들을 위로하고 돌보는 역할을 자임하였다. 또한 양심수가족협의회와 구속자가족협의회를 조직해 주도적인 역할을 했다.

1976년 문익환 목사가 3·1민주구국선언사건으로 투옥되면서 본격적으로 민주화운동에 헌신하였고, 1985년 '민주화실천가족운동협의회' 창립에 참여해 1986년 공동의장을 맡으며 독재정권에 항거하였다. 1995년에는 방북 혐의로 국가보안법 위반으로 투옥되어 4개월간 수감되기도 했다.

이후 통일맞이 칠천만겨레모임재단 이사장, 민족화해범국민협의회 상임의장, 통일연대, 6·15공동선언실천남측위원회, 겨레말큰사전 남북공동편찬사업회 등 다양한 활동을 통해 남북 화해와 협력에 앞장섰다. 그 공로로 2005년 10월 국민훈장 모란장을 수훈하였다.

故 서경순 어머니

1937~2017

1989년 10월, 아들 이창규(동국대 89)가 구속되면서 민가협 활동을 시작하였다. 이후 아들의 석방투쟁을 비롯해 수많은 민족민주운동 과정에서 투옥된 이들의 인권을 지키기 위해 헌신하였다. 특히 1992년 '남조선노동당 간첩단' 사건으로 68명이 연행되었을 때에는 안기부 앞에서 39일간 투쟁을 벌이기도 했다.

서경순 어머니는 1992~1993년 민가협 부회장을, 1994년에는 상임의장을 맡아 활동하였으며, 2010년 74세의 나이로 민가협 고문이 되었다. 팔순을 앞두고 생을 마감할 때까지 30여 년간 민족민주운동, 인권, 국가보안법 철폐, 남북 화해와 평화를 위해 헌신하였다.

故 임기란 어머니

1930~2020

막내아들 박신철(서울대 83)이 1984년 민정당사 점거 농성으로 구속되자, 같은 처지의 가족들을 모아 '민가협'을 창립하고 1985년 초대 상임의장을 맡아 군부독재에 맞서 민주화와 통일운동에 앞장섰다.

1993년부터는 '국가보안법 철폐와 양심수 석방을 위한 목요집회'를 시작해 27년간 보라색 수건을 두르고 매주 현장에 참여했으며, 이로써 '어미니'라는 상징적 호칭으로 불리게 되었다.

보랏빛 스카프는 목요집회와 민가협의 상징으로 자리 잡았다. 임기란 어머니는 구속된 자식만이 아니라 사회 전체의 약자를 위해 헌신하였다. 통일운동, 비전향장기수 문제, 양심수 석방, 국가보안법 철폐, 고문 및 조작간첩 피해 진상규명 등 민주주의와 인권, 통일운동 전반에서 늘 앞장서 싸웠다. 그 공로로 2006년 국민훈장 석류장을, 2017년 불교인권상을 수상하였다.

민가협 어머니들이 가장 그리워하는 어머니 '모든 양심수의 어머니', '거리의 어머니' 故 임기란 어머니

임기란 회장님은 1930년 경북 포항에서 태어나셨습니다. 포항여고를 졸업하시고 포항중앙초등학교에서 아이들을 가르치셨습니다.

1985년 당시 둘째 아들 박신철 서울대 학생이 전두환 군부독재 정권에 항의하는 민정당사 점거농성 사건 관련으로 구속된 뒤 민가협과 인연을 맺으셨습니다. 민가협에서 누구보다 적극적인 활동을 하신 임기란 어머니는 민가협 총회에서 선출된 첫 번째 회장이 되어 오랫동안 책임을 다하게 되십니다.

임기란 어머니의 활동을 회상해 보면, 일상생활에서는 이해하고, 함께 하려는 배려심과 정도 눈물도 많으신 따뜻한 어머니였지만, 부당한 권력에 대해서는 물불 가리지 않고 싸워 국가권력의 간담을 서늘하게 하셨습니다.

모든 일에 대해 빠른 이해와 판단 그리고 지체 없는 결단과 실천력으로 민가협을 이끄셨습니다. 혹시 잘못된 일이 있을 때는 스스로 오류를 바로잡아 아집과 편견에서 벗어나셨습니다.

임기란 어머니의 정의 진실 추구 의지와 몸에 밴 실천력이 그 오랜 시간 한결같이 만인을 위한 길을 걸으시게 한 동력인 것 같습니다.

우리들 머릿속엔 민가협 하면 '목요집회'와 '임기란'이 떠오릅니다.

30여 년을 쉼 없이 사회적 약자들의 대변인으로, 정의와 진실의 전파자로, 생명 평화의 실천자로, 자주 통일의 기수로 가장 소중한 삶을 살아오신 어머님이 말년에는 요양병원에서 투병 생활을 이어오다 기어이 슬픈 소식을 전하게 되었습니다.

이 땅 민중운동과 인권운동의 새로운 지평을 열어놓으셨던 큰 별을 잃은 슬픔을 차마 가누지 못하겠습니다.

이제 회장님께서 다하지 못한 일을 남은 사람들이 할 것입니다.

마음 편히 잠드시길 빌겠습니다.

2020년 7월 1일 (사)정의 평화 인권을 위한 양심수후원회 권오헌 올림

- 민가협 40년 기록관 100인의 어머니 임기란 어머니편

(출처) '민중의 소리'에서 재구성함.

가족이 말하는 임기란 어머니

"엄마를 존경하고, 우리의 자부심이에요. 당신들은 영웅으로 태어난 게 아니라, 영웅으로 만들어진 분들이에요. 엄마 무덤의 명패에 '나의 삶은 괜찮은 삶이었습니다'라고 새겼어요."

"병석에서도 엄마는 시대를 향해 메시지를 남기셨어요. 그건 바로 국가보안법 철폐였어요. 또 마지막으로 찍은 영상에서는 '올바르게 살아라. 자기 일에서 최선을 다해라'고 말씀하셨어요."

- 임기란 어머니 둘째 딸 박명숙님

민가협 어머니들이 추억하는 임기란 어머니

"임기란 어머니가 참 확실하신 분이었어요. 저도 많이 세뇌를 받았죠. 하이힐 신고 다닌다고 야단도 치셨어요."

- 유민호 어머니

"임기란 엄마는 여걸이면서도 감성과 감수성이 세세한 부분까지 베풀었지. 그게 민가협 어머니들의 힘이야."

"국회의원이고 뭐고 관계없어. '왜 석방 안 시키냐'고 딱 밀어붙이는 분이었어."

- 권낙기 선생님

"임기란 어머니는 대단한 분이었어요. 밥을 싸 들고 다니면서 학생들 영치금 넣어주고, 자기 돈 다 써가며 다녔어요. 그분 보면서 '아, 남의 자식에게도 마음을 쓸 수 있구나' 배웠어요."

\- 김정숙 어머니

"어머니는 풍채도 좋으시고 목소리도 크셨어요. 임기란 어머니가 계시면 진 적이 없었어요."

"그 어머니들이 우리를 지켜준 성벽 같았어요."

\- 임수경님

"임기란 회장님은 정말 훌륭하셨어요. 많이 배웠어요."

"서정순 어머니, 이귀임 어머니랑 면회 다녔어요. 네 분이 함께 다니며 위로했어요."

\- 박미준 어머니

"임기란 어머니는 품이 넓으셨어요. 앞장서서 '나를 따르라' 하면 우르르 따라갔어요. 무섭고도 든든한 분이었죠."

\- 이귀임 어머니

"경찰들이 가장 무서워했던 어머니였어요."

\- 윤미향님

"임기란 의장님이 오시면 전경들도 함부로 못 했어요."

\- 김삼석님

"임기란 어머니는 민가협에 헌신을 많이 하신 분이에요. 진짜 많이 했어요."

\- 이소남 어머니

"임기란 어머니는 카리스마 있으시고, 잘못하면 야단치시고 또 감싸주셨어요."

\- 이영 어머니

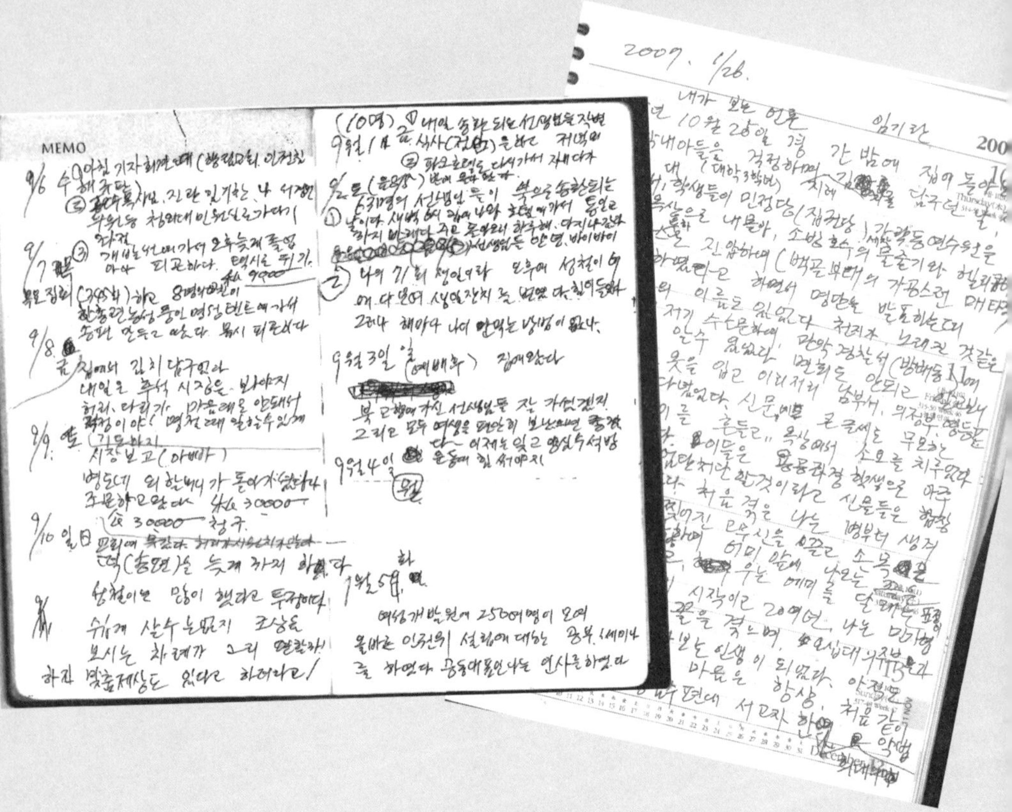

“임기란 어머님은 학생들을 너무 사랑하셨어요. 몸이 무거우셔도 집회면 물불 안 가리고 나서셨어요. 혼도 많이 나지만 그만큼 따뜻했어요.”

- 조순덕 어머니

민가협 어머니들의 삶과 투쟁,
기억하고 기록하고 계승하겠습니다.

부디 편히 잠드시길 기원합니다.

2025년 11월 13일, 이재명 대통령이 서울 용산 대통령실 청사에서 열린 민가협 초청 오찬 간담회에서 "우리 국민들, 민가협 어머니들의 삶의 역정 잊지 않을 것"이라며 민주주의 진전 기여에 감사 인사를 하고 있다.

6장

언론에 보도된 민가협 40년

'민가협 40주년 기념사업위원회'는 민가협에 신세를 지고, 민가협의 혜택을 받은 개인과 단체들이 참여해 다양한 기념사업을 준비하고 있다.

민가협의 40년 역사와 활동을 정리하는 기록사업은 아카이브 구축과 구술 기록 영상 제작, 백서와 사진집 발간, 사진전과 심포지엄을 준비하고 있다.

기념행사는 예전 '양심수를 위한 시와 노래의 밤'과 같은 콘서트 형식으로 12월 13일 오후 4시 한양대 올림픽체육관에서 '어머니를 위한 시와 노래의 밤'이란 제목으로 열린다.

독재정권도 벌벌 떨게 만든 ‘행동대장’ 엄마들

만약에 윤석열의 내란이 성공했다면 어떻게 됐을까? 노상원의 수첩에 적힌 대로 윤석열과 김건희를 비판해 온 수많은 야당 정치인과 시민사회단체 간부들은 ‘불경죄’로 죄다 끌려갔을 것이다. 내란 세력들은 이들 중 일부는 바닷물에 수장한 뒤 ‘행불’ 처리해 버렸을 테고, 나머지는 기무사의 지하 벙커나 국정원과 경찰청 대공분실로 끌고 가 ‘북한의 지령에 따라 반정부 활동을 해왔다’라고 자백하라며 온갖 고문을 자행했을 것이다.

윤석열의 내란이 성공했다면 박정희, 전두환의 폭정을 능가하는 윤석열 독재가 시작됐을 것이다. 이에 저항한 이들로 감옥은 터져 나가고, 잡혀간 이들의 석방과 독재 타도를 외치며 우리는 다시 싸우고 있을 것이다. 40년 전 ‘민가협’과 ‘양심수’의 시대로 되돌아가는 것이다.

만약 윤석열의 내란이 성공했다면?

민가협은 ‘민주화실천가족운동협의회’의 약칭이다. 군사독재 시절 민주화운동을 하다가 감옥에 간 이들의 가족이 하나로 뭉쳐 1985년 12월 12일에 민가협을 결성했다. 전두환 독재 때는 엄청나게 많은 구속자가 나왔다. 1985년만 해도 미문화원 점거 농성 사건과 대학의 삼민투 사건, 재야의 민청련 사건과 노동자들의 구로 동맹파업 등으로 수많은 사람이 끌려갔다.

양심수는 ‘양심에 따라 정의로운 일을 하다 감옥에 갇힌 사람’이란 뜻이다. 예전에는 공안사범, 시국사범이라 불렀다. 민가협이 결성되고 ‘양심수’라고 부르기 시작했다. 범죄자를 뜻하는 ‘범’(犯)이 아니라 갇힌 자를 뜻하는 ‘수’(囚)를 사용한 것이다. 군사독재 때는 매년 1천여 명의 양심수

1987년 6월 시위 도중 이한열 열사가 최루탄에 맞아 사망한 후 민가협은 최루탄 추방 시위를 벌였다. 전경들에게 꽃을 달아주고 있는 김춘옥(김민석 현 총리의 어머니) 초대 민가협 공동회장

가 감옥에 갇혔다. 연인원으로 따지면 1만 명이 훨씬 넘는 숫자다.

민가협이 결성되면서 양심수 석방은 민주화의 핵심 과제가 됐다. 1988년 총선에서 여당이던 민정당(민주정의당)이 패배하고, 여소야대 국면이 펼쳐졌다. 야당은 5공 비리와 광주민주화운동 진상규명 청문회를 개최해 전두환 독재의 폭정을 폭로해 나갔다. 이 과정에서 전두환 독재에 맞서 투쟁한 사람들, 광주민주화운동의 진실을 알리기 위해 투쟁한 사람들이 왜 감옥에 갇혀 있어야 하냐는 여론이 높아졌다. 양심수 석방 요구가 들불처럼 번져나갔고, 민가협은 양심수 석방의 상징이 됐다.

대한민국의 민주화운동을 이야기할 때, 빠질 수 없는 단체가 민가협이다. 민가협처럼 40년 동안 한자리를 지켜온 민주시민단체나 진보민중단체는 없다. 민통련, 전민련, 전노협, 전국연합 등 대표적인 재야단체들은 중간에 해산하거나 새로운 이름을 내건 단체로 바뀌었다. 경실련, 참여연대, 환경운동연합 등 대표적인 시민단체들은 1987년 6월항쟁으로 민주화가 진전되면서 하나둘씩 결성됐다.

교도소 처우 개선하고 불법 수사 뿌리 뽑은 엄마의 힘

오늘날 우리가 누리는 민주주의와 자유, 인권은 결코 저절로 이루어진 것이 아니다. 수많은 사람이 끌려가고 고문당하고 목숨을 바쳐 이루어낸 성과다. 한국의 민주주의는 민가협과 양심수에게 큰 빚을 지고 있다. 그들의 희생으로 쟁취한 결과물을 오늘 대한민국 국민이 다함께 누리고 있다.

윤석열과 내란공범들이 구치소와 재판 과정에서 누리는 혜택도 마찬가지다. 지난여름 윤석열은 구치소에 에어컨이 없다며 투정했지만, 예전에는 선풍기는커녕 부채조차 없었다. 교정 당국은 흉기로 사용될 수 있다는 얼토당토않은 이유를 들며 반입을 금지했다. 그 이면에는 '죄 지은 놈들은 고생을 해봐야 정신 차린다'라는 인식이 깔려 있었다. 부식 문제도 심각했다. 담배꽁초가 나오는 멀건 배춧국과 쉰내가 나는 김치가 사람이 먹는 음식으로 제공됐다. 이런 말도 안 되는 교도소 환경을 바꾸기 위해 양심수들은 단식투쟁으로 맞섰다.

그럴 때마다 민가협 어머니들은 교도소와 법무부로 몰려가 양심수들의 투쟁을 지원했다. 경찰서로 연행되면 경찰서 안에서 고함을 지르고 거세게 투쟁했다. 견디다 못한 경찰들은 어머니들을 '닭장차'(호송버스)에 싣고 버스조차 다니지 않는 서울 외곽에 내다 버렸다. 그러면 지나가는 차를 얻어 타고 돌아와 다시 투쟁에 나섰다. 그런 투쟁 덕분에 교도소 처우도 점차 개선될 수 있었다.

어머니들은 체포영장도 없이 불법으로 연행된 이들의 행방을 찾아 안기부와 대공분실, 경찰서 유치장을 쫓아다녔다. 변호사 접견과 면회를 요구하며 밤샘 농성을 마다하지 않았다. 그러면서 수사기관의 불법 행위를 하나둘씩 바꾸어 냈다. 어머니들은 고문 기술자로 유명한 이근안을 직접 현상수배하고, 수사기관의 고문을 뿌리뽑기 위해 투쟁했다. 저들이 다시는 물고문, 전기고문을 자행하지 못하게 만든 것도 어머니들의 공로다.

민가협의 상징이 된 보랏빛 수건을 머리에 두른 어머니들이 나타나면 독재정권도 벌벌 떨었다. 자식을 독재정권에 빼앗긴 어머니들은 두려울 게 없었다. 어머니들에게는 끌려간 모든 이들이 다 내 자식이었다. 워낙

대차게 싸우니 경찰도 감히 함부로 대하지 못했다. 그런 연유로 어머니들은 투쟁 현장마다 맨 앞에서 민주화운동의 행동대장 역할을 톡톡히 해냈다. 1993년부터 매주 진행한 '양심수 석방과 국가보안법 폐지를 위한 목요집회'는 2020년 2월 코로나19로 중단할 때까지 27년간 총 1257회나 계속됐다. 단일 사안으로는 세계 최장기 집회다.

민가협 어머니들의 헌신 잊는다면, 오늘의 승리도 잊힐 것

이처럼 대한민국의 민주주의 발전에 큰 역할을 했던 민가협이 창립 40주년을 맞았다. 하지만 현재 민가협의 상황은 무척 어렵다. 그새 많은 어머니들이 세상을 떠났다. 살아있는 분들도 요양원에 있거나 투병 중이다. 이제는 활동이 가능한 분도 몇 명 남지 않았다. 우리가 40주년을 맞아 기념사업을 하려는 이유도 이 때문이다.

민가협 40주년 기념사업은 민가협으로부터 특별한 은혜를 받은 양심수들과, 민가협의 아들딸이라고 자부했던 전대협, 한총련 세대, 그리고 각 대학 민주동문회와 시민사회단체가 중심이 돼 진행하고 있다. 기념사업은 한마디로 민가협의 40년 역사와 활동을 정리하는 일이다. 그 시대의 기억을 되살리고, 그 기억을 기록으로 남기는 작업이다.

현재 온라인기록관(아카이브) 구축과 구술 영상기록 정리, 사진집과 기념책 발간, 사진전과 심포지엄이 준비되고 있다. 그리고 마지막 행사로 '어머니를 위한 시와 노래의 밤'이 12월 13일 한양대 올림픽 체육관에서 열릴 예정이다.

윤석열의 내란은 시민항쟁으로 저지됐다. 응원봉을 들고 노래를 부르며 축제로 만들어낸 빛의 혁명, 남태령 투쟁단과 인간 키세스에서 보듯 민주주의를 지켜내려는 수많은 시민의 헌신과 희생이 내란을 막아냈고, 이재명 정부를 세웠다. 이재명 정부를 탄생시킬 수 있었던 것은 결코 정치인들이 잘나서가 아니다. 시민의 힘이 결집한 결과다. 또한 그 승리는 오늘의 우리가 잘해서 이루어낸 성과도 아니다. 오늘의 승리는 과거로부터 이어져 온 피와 땀의 축적물이다. 앞선 세대의 위대한 희생을 기억하지 않는다면 이 승리도 오래지 않아 뒤집힐 수밖에 없다.

그런 점에서 민가협은 대한민국 민주주의 역사에서 꼭 기억해야 할 이름이다. 여성과 어머니, 숭고한 희생과 헌신으로 민주화를 이뤄낸 민가협을 우리는 오늘, 역사 속에 제대로 기록해야 한다. 그것은 민가협의 은혜를 입은 우리가 해야 할 마땅한 도리이고 책무이다. 민가협 40주년 기념사업의 진정한 의미도 바로 여기에 있다.

* 이 글은 2025년 11월 11일 오마이뉴스에 실린 기사입니다.

민가협 어머니들이 없었다면 양심수들 어이 됐을꼬?

무더위가 기승을 부리던 지난여름, 서울구치소로 몰려와 "에어컨도 없는 독방에서 우리 대통령님이 고생하신다!" "에어컨을 설치하라!"며 분개하는 '윤어게인' 시위대를 보면서 나는 새로운 사실을 알았다. 구치소에도 선풍기가 설치됐구나…. 여름철에 부채를 달라며 투쟁하던 때가 생각났다.

윤석열 구속 이후 언론이 친절히 소개하는 구치소의 주간 식단 메뉴를 보면서도 기분이 묘했다. 담배꽁초가 나오던 멀건 배춧국과 쉰내가 나는 김치가 담긴 식판을 내던지고, 부식 개선을 요구하며 단식투쟁을 벌였던 선배들이 떠오른다. 그에 비하면 윤석열에게 제공되는 음식은 호사스러운 특식이다.

윤석열과 내란 사범들도 감옥에서 누리는 혜택

겨울은 또 어떤가. 밤새 머리맡에 둔 물그릇이 얼 정도인데도, 우리는 담요 몇 장에 의지해 긴 겨울을 보냈다. 유일한 보온 장비는 일본어로 '뜨거운 물을 담은 주머니'를 뜻하는 '유담프' 뿐이었다. 유담프를 끌어안고 오직 체온만으로 한겨울 추위를 견뎌냈다. 그런데 지금은 바닥에 전기 온돌이 설치돼 있다니 참으로 격세지감이다.

이런 변화를 이끌어낸 힘이 민가협이고 양심수였다. 1970~80년대 군사독재 치하에서 무수한 사람이 끌려갔다. 독재에 저항하고 민주주의를 외쳤다는 이유로 혹독한 고문을 받고 교도소에 갇혔다. 간첩으로 내몰려 사형, 무기를 선고받는 경우도 허다했다. 독재정권과 하수인들이 공안사범, 빨갱이라고 낙인찍은 이들을 우리는 '양심수'라고 불렀다.

양심수들은 감옥에서도 투쟁을 멈추지 않았다. 사람이 먹을 수 없는 부

1970~80년대 독재에 저항하고 민주주의를 외쳤다는 이유로 무수히 많은 사람이 끌려가 고문을 받고 교도소에 갇혔다. 이들의 석방을 요구하며 가족들이 모여 1985년 12월에 결성한 단체가 바로 민가협이다.

식, 부족한 운동과 목욕 시간, 그리고 일상적인 교도관의 폭행 등 비인간적인 대우를 바꾸기 위해 끊임없이 '빵투'(소내 투쟁)를 전개했다. 광주교도소에서는 박관현 열사가 단식투쟁 끝에 목숨을 잃기도 했다. 그런 투쟁은 양심수만을 위한 것이 아니었다. 투쟁의 성과는 일반 재소자들에게도 그대로 돌아갔다. 윤석열이 지금 구치소에서 누리는 혜택은 바로 양심수들의 치열한 투쟁 결과물이다. 윤석열은 에어컨이나 '1.8평 서바이벌' 타령할 게 아니라 양심수들에게 우선 고마워해야 한다.

양심수 가족들이 만든 단체, 민가협

민가협은 양심수의 가족들이 만든 단체다. '민주화실천가족운동협의회'란 이름 그대로 민주화 실천에 나섰다가 구속된 이들의 가족들이 모여 민주화 운동을 함께 하기 위해 1985년 12월 12일에 창립됐다. 전두환 독재기였던 1984~85년에는 특히 구속자가 많았다. 1985년 5월의 미문화원 점거농성 사건과 삼민투(민족통일민주쟁취민중해방투쟁위원회) 사건 외에도 전두환 독재에 맞선 집회 시위로 구속자가 속출했다. 또 학생운동의 배후를 캔다며 혹독한 고문으로 민청련(민주화운동청년연합) 사건을 만들었다. 이런 과정에서 구속된 학생과 노동자, 재야인사의 가족들이 양심수 석방을 요구하며 모이기 시작했고, 민가협의 결성으로 이어졌다.

민가협 결성 이전에도 구속자 가족들의 모임은 있었다. 1974년 민청학련 사건으로 대거 구속자가 나오자, 가족들은 구가협(구속자가족협의회)을 결성해 박정희 유신독재에 맞섰다. 1976년 3.1민주구국선언 사건으로 종교인과 대학교수들이 대거 잡혀가자, 가족들은 '양심범가족협의회'를 만들어 독재정권의 부당한 탄압을 알려 나갔다. 훗날 민가협의 상징이 된 보랏빛 스카프도 이때 등장했다.

민가협은 창립 때부터 양심수의 실태를 조사하고 이를 사회적으로 널리 알려 나갔다. '양심수 석방'은 민가협 활동의 최우선 과제였다. 민가협의 활동으로 양심수는 반독재운동의 상징이 되었고, 국제적인 관심 사안이 됐다. 또한 수십 년 동안 구금돼 있던 비전향장기수의 존재를 알리고 이들의 석방을 위해 엠네스티(국제사면위원회), 유엔 인권위원회 등과도 연대했다. 교도소 내 처우 개선과 인권 보장을 위해서도 치열하게 싸웠다.

민가협은 양심수를 양산하는 악법 철폐에도 힘을 모았다. 국가보안법, 사회안전법, 보안관찰법 등 민주주의와 인권에 역행하는 대표적인 악법 철폐 운동을 벌여 사회안전법(1989년), 전향제도(1998년), 준법서약서(2003년)를 폐지시켰다. 또한 악명 높은 고문 수사관인 이근안 현상 수배와 안기부(현 국정원), 경찰 대공분실, 검찰 공안부 등 공안기관 감시활동을 통해 고문 수사 근절에도 앞장섰다.

이를 위해 민가협은 1993년 9월부터 매주 목요일 '양심수 석방과 국가보안법 철폐를 위한 목요집회'를 시작해, 2020년 코로나로 중단할 때까지 27년 동안 1257회나 진행했다. '양심수를 위한 시와 노래의 밤' 공연과 하루감옥체험 등을 통해 양심수 문제를 사회적 의제로 만들어냈다.

대한민국의 민주주의를 이끈 민가협 40년

이처럼 민주와 인권의 상징이 된 민가협이 올해로 창립 40년을 맞이했다. 하지만 민가협의 현실은 안타까운 모습이다. 1980~90년대 왕성하게 민가협 활동을 이끈 어머니들의 상당수가 세상을 떠났다. 초대 민가협 공동 회장이었던 박용길 장로(문익환 목사 부인)와 이소선 어머니(전태일 열사 어머니), 그 뒤를 이어 민가협의 전성기를 이끈 임기란 회장(2020년 작고), 서경순 회장(2018년 작고) 등 많은 분이 세상을 떠났다. 김춘옥 어머니(김민석 국무총리 어머니, 1985년 창립 당시 공동 회장)를 비롯한 많은 분이 병고에 시달리고 있다. 현재 활동이 가능한 분들은 열 명도 채 되지 않는다.

그러는 동안 민가협도 서서히 사람들 머릿속에서 잊히고 있다. "민가협이 누구예요?"라는 청년들뿐만 아니라, 586세대들조차 "아직도 민가협이 있나요?"라고 묻는 실정이다. 오늘 우리가 누리고 있는 민주주의의 혜택은 민가협 덕분이다. 대한민국의 민주화운동 역사 속에서 민가협은 빼놓을 수 없는 조직이다. 지난 겨울 내란에 맞서 응원봉 물결로 '빛의 혁명'을 이루어낼 수 있었던 것도 민주와 인권을 위해 헌신해 온 민가협과 같은 단체가 수십 년을 버티어 왔기 때문이다. 수감된 윤석열과 내란사범들까지 누리고 있는 인간적 대우 역시 이들 덕분이다.

역사는 기억의 산물이자 기록의 결과다. 기억 속에서 사라진다는 것은 역사의 단절을 의미한다. 기억되지 못하는 것은 기록될 수도 없다. 지금 민가협이 처한 현실이 그렇다. 우리는 '국민주권정부'의 등장에 환호하면서도 그 승리를 이끈 진정한 힘은 기억하지 않는다. 오늘의 우리가 잘나서만 이룬 결과가 결코 아니다. 오늘의 승리와 성공은 지난 시대의 희생과 눈물의 결과다. 이 사실을 잊는다면 오늘의 승리도 연속될 수 없다. 역사의 반동은 그 틈을 비집고 들어온다. 우리가 민가협을 기억해야 하는 이유도 여기에 있다.

민가협 40주년 기념사업에 모두 함께 나서야

민가협 창립 40년을 맞아 지난 6월 24일 기념사업위원회가 결성됐다.

‘민가협 40주년 기념사업위원회’는 민가협에 신세를 지고, 민가협의 혜택을 받은 개인과 단체들이 참여해 다양한 기념사업을 준비하고 있다.

40주년 기념사업은 크게 기록사업과 기념행사로 준비되고 있다. 민가협의 40년 역사와 활동을 정리하는 기록사업은 아카이브 구축과 구술 기록 영상 제작, 백서와 사진집 발간, 사진전과 심포지엄을 준비하고 있다. 기념행사는 예전 ‘양심수를 위한 시와 노래의 밤’과 같은 콘서트 형식으로 12월 13일 오후 4시 한양대 올림픽체육관에서 ‘어머니를 위한 시와 노래의 밤’이란 제목으로 열린다.

기념사업은 정부나 기관의 도움 없이 민가협의 활동을 기억하고, 민가협의 역사를 제대로 남기는 데 공감하는 이들의 후원으로 진행된다. 하지만 아직 참여가 많이 부족하다. 현재 기념사업위원회는 ‘보랏빛스카프단’이란 이름으로 개인과 단체의 후원을 받고 있다. 기념행사인 콘서트 공연은 ‘좌석후원제’라는 이름으로 티켓을 판매할 예정이다.

* 이 글은 2025년 9월 29일 시민언론 민들레에 실린 기사입니다.

이재명 변호사와 학생들의 법정투쟁, 엄마의 삶을 바꿔 놓다

2025년 11월 13일 민가협(민주화실천가족운동협의회) 회원들은 용산 대통령실에서 이재명 대통령을 만났다. 이 자리에서 이 대통령은 모두 발언을 통해 “언제나 고통스러운 투쟁의 현장에 우리 어머니들이 가장 먼저 달려와 주셨다”면서 “대한민국이 전 세계가 바라보는 민주적인 나라로 성장하고 발전한 건 여기 계신 어머니들의 헌신적이고 치열한 투쟁 덕분”이라고 높게 평가했다.

이어 대통령은 자리에서 일어나 민가협 회원들에게 90도 가까이 허리 굽혀 인사했으며, “우리 국민들은 민가협 어머니들의 각고의 노력, 고통스러운 삶의 역정을 결코 잊지 않을 것”이라고 격려했다.

이 대통령에게 선물한 <엄마의 보랏빛 꿈>

조순덕(74) 상임의장은 이 자리에서 민가협 40주년 기념 사진첩을 선물로 전달했다. 조 상임의장은 이날 이재명 대통령을 처음 만났던 28년 전을 회고하면서 “대통령님이 아주 청년이고 미남이었다”고 말해 대통령과 참석자들에게 웃음을 안겼다. 조 상임의장의 아들 위영석씨가 1996년 경원대(현 가천대) 총학생회장을 할 때 장현구 열사(부친 장남수씨는 현재 유가협 회장직을 맡고 있다) 분신 건으로 학내 분규가 일어났고, 경찰이 학내로 진입해서 학생을 마구잡이로 연행하는 일이 발생했다. 이 사건으로 구속된 학생들의 변론을 이재명 변호사가 맡았는데, 모두 무죄로 나오면서 위영석씨의 수배도 풀렸다고 한다.

아들이 수배도 풀리고 구속되지도 않았지만, 조순덕 어머니는 이때부터 민가협 활동을 시작했다. 다른 학생들이 재판받는 것을 지켜보면서 '의식화'가 된 것이다. 최근 20여 년간 민가협 상임의장을 맡아 활동하는 조순덕 어머니를 만나기 위해 지하철 1호선 동대문역 부근의 민가협 사무실을 찾았다. 방 3개와 널찍한 거실을 갖춘 공간이었다. 올봄까지만 해도 사무실이 이렇게 넓어 보이지 않았다고 한다.

"방에도 거실에도 수십 년 모은 자료가 가득 차 있었죠. 5월 말에 자료 백여 박스를 남영동 민주화운동기념관(전 대공분실)에 기증했어요. 기념관의 트럭이 와서 여러 번에 걸쳐 나누어 싣고 갔죠."

1985년부터 40년 동안 활동한 민가협의 역사가 담긴 자료를 후대의 연구 자료로 쓸 수 있게 전문 기관에 넘긴 것이다. 대부분 서점이나 도서관에서 볼 수 없는 희귀 자료였다. 올해 6월에는 민가협 출범 40주년을 맞아 '민가협 40주년 기념사업위원회'라는 별도의 조직이 출범하기도 했다. 기념사업위원회는 "고난 속에서도 희망을 일구어오신 어머니들의 위대한 여정과 헌신을 기념하는" 다양한 사업을 벌이고 있다.

지난 11월 5일에는 252쪽 분량의 사진첩 〈엄마의 보랏빛 꿈 1985~2025〉를 발간했고, 2025년 11월 13일(목)부터 11월 21일(금)까지 서울 종로구 인사동 아지트미술관에서 사진전을 열었다. 11월 27일 국회의원회관에서 '민주와 인권을 향한 40년, 어머니의 위대한 여정'이라는 제목으로 40주년 기념 심포지엄을 진행했고, 12월 13일에는 한양대 올림픽체육관에서 〈어머니를 위한 시와 노래의 밤〉을 열 계획이다. 이와 함께 역사 아카이브 구축 작업(활동 구술 영상, 자료집, 단행본 발간)도 병행하고 있다.

동대문 민가협 사무실에서 조순덕 상임의장과 인터뷰하는 도중에 조 의장이 옆에 앉아 있던 김권옥(국가보안법 피해자 김호 아버님)씨와 함께 〈엄마의 보랏빛 꿈〉 사진전이 열리고 있는 인사동 아지트미술관을 방문할 계획이라는 이야기를 들었다. 필자는 이 말을 듣고 인터뷰를 아예 미술관에 가서 하자고 제안했다. 아무래도 민가협의 역사가 담긴 사진을 보면서 대화하면 이야기가 풍성해지고, 사진 찍기에도 사무실보다는 배경이 좋을 것으로 여겨졌다.

엄마들의 이름과 주체성을 찾는 과정이기도

지하 1층에 자리한 아지트미술관 입구에 도착해서 방명록의 맨 앞장을 살펴보니 '김심석, 윤미향' 부부 이름이 적혀 있었다. 김삼석은 1993년 남매 간첩단 사건으로 홍역을 치렀으나, 2017 재심에서 간첩 혐의에 대해 무죄 선고받았다. 방명록 테이블 위쪽 벽에는 3명의 민가협 회원 사진이 걸려 있었다. 지금은 돌아가신 박용길, 임기란, 서경순 어머니였다.

"민가협에서 힘든 일도 있었지만 배운 바도 많고, 무엇보다 훌륭한 분을 여럿 만날 수 있어서 좋았어요. 열 손가락으로 다 헤아리기 어려울 정도로 많지만 돌아가신 분 중에는 박용길 장로님(1919~2011, 문익환 목사 부인), 임기란 의장(1930~2020, 서울대 박신철 어머니), 서경순(1937~2017, 동국대 이창규 어머니), 이 세 분을 꼽을 수 있어요."

이 중에 임기란 의장은 필자가 오래전 목요집회 참석했을 때 뵌 적이 있는데, '신철이 엄마', '신철이 어머니'라고만 알고 있었다. 정확하게는 박신철 어머니 임기란이었다. 1999년 무렵부터 민가협 회원들은 누구누구 엄마가 아닌 '신철 엄마 임기란' 식으로 부르기 시작했다고 한다. 민가협 활동은 어머니들이 자신의 이름과 주체성을 찾는 과정이기도 했다. 임기란 어머니는 1985년부터 첫 상임의장을 맡기 시작해 20여 년간 상임의장으로 활동했다. 막내아들 박신철(서울대)이 1985년 민정당사 점거 농성으로 구속되자 민가협 결성에 참여했고, 병석에 눕기 전까지 선봉에 서서 활동했다.

2025년 11월 13일, 인사동 아지트미술관에서 열린 사진전 <엄마의 보랏빛 꿈 1985~2025> 개막식에는 여러 단체의 대표가 참석했는데, 그중에는 유모차를 타고 온 전 임기란 상임의장의 증손자도 보인다. 사회의 민주화와 진보는 쉽게 이루어지는 게 아니라 몇 대를 이어 지속해서 매진해야 꽃피울 수 있다.

"교도관이나 경찰을 상대로 싸울 때는 호랑이같이 무서운 분이었죠. 저한테는 친엄마처럼 잘 챙겨줬어요. 야단칠 일 있으면 호되게 야단도 치지만 사심이 없는 분이었어요."

임기란 어머니가 상임의장으로 오랫동안 활동할 수 있었던 데에는 5남매의 적극적 지지와 남편 박희봉씨의 도움이 컸다. 박씨는 수시로 운전기사 역할을 자임해 민가협 어머니들의 손발이 되었다고 한다. MBC 피디로 일하던 막내딸은 가수 배철수씨와 1991년 결혼했다. 2000년대 초반부터 의장직을 맡아온 조순덕 어머니도 가족의 후원이 없었다면 오랫동안 활동하지 못했을 것이라 한다.

"상임의장 맡고 일하던 초기에 남편이 이제 민가협 활동 그만해도 되지 않겠냐고 하면, 아들이 '아버지, 엄마가 안 나가면 내가 나가야 하는데, 그래도 되나요?'라고 말했어요. 그러면 남편이 아무런 소리 못했죠. 지금은 남편도 건강 챙겨가며 활동하라면서, 응원하고 지지해요."

민가협 40주년 사진전 2025년 11월 13일 인사동 아지트미술관에서 열린 사진전 〈엄마의 보랏빛 꿈 1985~2025〉 개막식에는 여러 단체의 대표가 참석했는데, 그중에는 유모차를 타고 온 전 임기란 상임의장의 증손자도 보인다. 사회의 민주화와 진보는 쉽게 이루어지는 게 아니라 몇 대를 이어 지속해서 매진해야 꽃피울 수 있다.

'닭장차'에 실려 난지도 쓰레기장에 버려지기도

조 의장은 사진을 둘러보다가 보랏빛 두건을 쓰고 빨간 장미꽃 들고 서 있는 어머니 사진을 가리키며 말을 이었다.

"한양대 김덕용씨의 어머니(김순심)인데, 저분이 항의 집회 갈 때는 브래지어 속에 작은 지갑을 숨겨두라고 알려주기도 했죠. 1980년대 전대협 어머니들이 데모하면, 닭장차에 싣고 버스도 안 다니는 난지도(상암동) 쓰레기 하자상 같은 곳에 내려놓고 가버리는 경우도 종종 있었다고 해요. 골탕 먹이려고 가방을 불법적으로 압수한 뒤 나중에 돌려준 적도 있고요. 차비가 없어 난감했던 적도 있어서 비상금을 그렇게 챙겼다고 해요. 그런 얘기 들어 보면, 90년대 한총련 어머니들보다 80년대 전대협 어머니들이 더 심하게 고생했어요."

조 상임의장도 시위 현장에서 닭장차(전경차)에 실려 외진 곳에 버려지는 곤욕을 두어 차례 치르기도 했다. 민가협 회원으로 활동하던 인사 중엔 정치인이 되거나 공공기관의 대표로 일한 인물도 많다. 이들의 사진도 전시되어 있었는데, 조 상임의장은 한 분 한 분에게 고마움을 표했다.

"국회의원이 된 김근태 부인 인재근, 김삼석 아내 윤미향이나 유시민 누나 유시춘(교육방송 이사장) 같은 분은 민가협 시절을 잊지 않고 어려운 일이 있을 때마다 잘 챙겨주곤 했어요. 그 옆쪽에 사진이 걸린, 돌아가신 권오헌 양심수후원회 회장님과 비전향장기수 권낙기 선생님은 가족같이 지냈고요. 그밖에도 옛정을 잊지 않고 물심양면으로 도와주는 분들이 많아요."

사진전을 둘러본 후 조순덕 상임의장은 필자에게 〈엄마의 보랏빛 꿈〉을 선물했다. 며칠 전 이 대통령을 만났을 때 직접 전달했다는 바로 그 사진집이었다. 조 상임의장과 함께 전시된 사진 120여 장을 둘러보는 동안 사진에 담긴 의미와 비화에 관해 설명을 한 이는 전시장을 지키는 민가협 40주년 기념사업회 이병인 사무국장이었다. 그는 이번 사진전 〈엄마의 보랏빛 꿈〉의 의미에 대해 "평범한 가족의 사랑이 사회적 연대와 희망으로 확장된 이야기"라고 말했다.

"이번 전시는 1980년대 민주화운동 현장부터 현재까지 민가협 어머니들의 활동을 아우르는 기록 아카이브 사진전입니다. 민주주의와 인권 수호를 향한 40년의 여정을 한눈에 조망하는 전시회죠. 단순한 회고를 넘어, 어머니들의 '보랏빛 꿈'을 통해 '가족의 투쟁'이라는 정체성과 여성 주체로서의 역할을 재조명하는 자리이기도 합니다."

"나 태어나 이 강산에 투사가 되어"

민가협의 역사는 1980년대 이후 민주화운동의 축약판, 종합판, 결정판이라 하겠다. 2024년 12월 3일에 터진 윤석열의 내란 사태 때도 민가협 어머니들은 광장을 누볐다. 여러 회원이 노쇠하여 요양원에서 지내는 형편이라 이젠 집회에 참석할 회원은 극소수였지만 남은 힘을 다해 윤석열의 계엄에 맞섰다. 이때 광장을 오가며 엄마들끼리 농담처럼 한 말이 있다.

"윤석열이 탄핵 못 시키면 민가협은 제2의 전성기가 된다. 제발 그런 세상이 오면 안 된다. 이제 무릎도 아프고 힘들어서 더 이상 옛날처럼 그렇게 투쟁 못 한다. 기필코 탄핵해야 한다."

29년 전에는 45세의 막내 회원이자 젊은 엄마였고, 물불 안 가리며 온갖 투쟁 현장을 누비던 조순덕 상임의장도 이젠 어언 70대 중반의 나이가 되었다. 더 이상 광장을 지키며 경찰과 맞서기엔 힘에 부친 '늙은' 나이이다. 12월 13일 40주년 기념 '어머니를 위한 시와 노래의 밤' 행사에서 민가협 어머니들이 단체로 합창하기로 했다. 김민기가 작곡하고, 양희은이 부른 〈늙은 군인의 노래〉를 〈늙은 투사의 노래〉로 개사해서 부를 계획이라 한다.

공연장(한양대 올림픽체육관)에서 어머니들이 부르는 〈늙은 투사의 노래〉를 듣는 이들은 가슴 속으로 눈물 한줄기 흘릴지도 모를 일이다. 민주화와 자주통일 투쟁에 몸 바친 숱한 열사와 청춘들의 얼굴을 떠올리며, 어머니들의 순수한 헌신을 기리며, 그리고 여전히 그 양심과 인권의 투쟁을 이어나가야 할 이 땅의 청춘과 아이들을 생각하며.

"아 다시 못 올 흘러간 내 청춘, 푸른 옷에 흘러간 꽃다운 이 내 청춘…"

* 이 글은 2025년 11월 29일 오마이뉴스에 실린 기사입니다.

에필로그

숫자로 보는 민가협 40년

40

민가협 40주년

1212

민가협 출범일

1985

민가협 창립 연도

18

양심수를 위한 시와 노래의 밤 개최 횟수

1257

목요집회 총 열린 횟수

27

목요집회 27년

50

민가협 장터 개설 횟수

49

인권 강좌 개설 횟수

민가협 40년의 발자취

1985.12.12.	'민주화실천가족운동협의회(민가협)' 창립
1985.12.28.	민가협 현판식에 대한 경찰 원천봉쇄 항의시위
1986.08.	부천서 성고문 사건 피해자 권인숙 양 실형 선고 항의 법정 농성
1987.06.30.	6·29선언 발표관련 노태우 면담 및 민정당사 항의시위
1987.07.09.	이한열 열사 국민장 추모행렬 선도
1988.01.05.	양심수 석방촉구 1주일 단식농성
1988.05.04.	인재근·김근태, 로버트 케네디 인권상 수상
1988.05.13.	양심수 전원석방 촉구 단식농성 기자회견
1988.08.03.	민족민주열사·희생자 명예회복과 의문사진상규명을 위한 범국민추진위원회 참여
1988.08.06.	제1회 양심수 석방촉구 시민가요제
1988.10.23.	조작 간첩 장기수 가족 전국순회 사례발표회
1988.12.	전두환·이순자 처벌 촉구 백담사 시위
1988.12.04.	조작 간첩 진상규명 촉구 단식농성
1989.02.21.	고문 수사관 이근안 국민수사 선언 및 현상수배
1989.03.19.	민가협 '양심수후원회 회원의 밤' 개최
1989.03.28.	광주시역 양심수후원회 발족
1989.05.05.	민가협 시민문화제 개최
1989.12.28.	첫 번째 인권콘서트 '양심수를 위한 시와 노래의 밤'
1990.02.02.	양심수후원회 회원의 밤 개최
1990.02.14.	정치야합 분쇄, 양심수 전원석방, 국가보안법 철폐를 위한 농성
1990.02.17.	민가협 제5차 정기총회
1990.03.30.	민가협 양심수후원회 2회 정기총회
1990.04.21.	양심수 전원석방, 국가보안법·노동악법 철폐를 위한 농성
1990.07.20.	회원의 법정구속에 대한 대전지방법원 항의 시위
1990.12.07	두 번째 인권콘서트 '양심수를 위한 시와 노래의 밤'
1991.01.21.	국가보안법 철폐 촉구 20일간 농성
1991.01.22.	이근안 현상수배 2년 검거촉구 기자회견

1991.02.21.	이 시대 육중동인 서화전 개최(백상기념관)
1991.03.29.	민가협 양심수후원회 제3차 정기총회 및 기념식
1991.12.06.-07.	세 번째 인권콘서트 '양심수를 위한 시와 노래의 밤'
1992.02.10.	프랑스에서 열린 유럽의회 주최, '양심수 청문회' 참가
1992.02.15.	사상전향제에 대한 헌법소원 제기 기자회견
1992.07.22.	국가보안법 철폐, 장기수 양심수 전원석방을 위한 1주일 연대농성
1992.07.27.	장기수 석방 촉구 대전교도소 집회
1992.09.16.	안기부, 민가협 사무실 압수 수색
1992.09.18.	안기부 대규모 불법 연행 및 민가협 침탈 항의 30일간 농성
1992.10.10.	안기부의 민가협 음해공작 및 괴문서 출현에 대한 기자회견
1992.12.07.	안기부, 민가협 사무실 2차 압수 수색
1992.12.11.	네 번째 인권콘서트 '양심수를 위한 시와 노래의 밤'
1993.02.08.	양심수 전원석방과 해직교사 원상복직을 위한 총력 1주간 농성
1993.03.17.	비전향장기수 이인모 선생 송환
1993.06.02.	·김국홍·함세환 노인 송환 추진본부 발족
1993.06.10.	유엔 세계인권대회 참가(오스트리아 빈, 유엔 인권센타)
1993.09.23.	제1회 양심수 석방과 국가보안법 철폐를 위한 목요집회
1993.12.10.	다섯 번째 인권콘서트 '양심수를 위한 시와 노래의 밤'
1994.04.15.	사월혁명상 수상
1994.04.18.	민주당 대표실에서 '양심수 석방과 국가보안법 철폐' 요구 단식농성 시작
1994.06.07.	아르헨티나 '5월 광장 어머니회' 초청 심포지엄 및 연대 집회
1994.07.05.	6공 고문수사관 2백여 명, 고소·고발
1994.07.19.	박홍 총장 망언 관련 총장실 항의농성
1994.08.10.	신공안정국 인권침해 실태 보고대회
1994.11.01.	서울구치소에서 양심수 100여명, 국가보안법 철폐와 노동악법 철폐를 위한 단식농성에 돌입
1994.11.28.	재야 시민단체 대표들과 12·12 반란자 기소촉구를 위한 농성에 돌입
1994.12.10.	여섯 번째 인권콘서트 '양심수를 위한 시와 노래의 밤'
1995.01.09.	고문범죄에 공소시효 적용은 위헌이라는 취지로 헌법소원 청구
1995.04.03.	국가보안법 19조 구속연장 규정에 대한 국가 상대 손배소 계기
1995.04.20.	민가협 목요집회 : 장기수들의 고통에 함께하는 집회
1995.05.02.	법무부 방문 : 영등포교도소 철망 문제, 교도소 내 구매품 제한 문제 등 교도소 처우개선 및 양심수 사면복권 촉구

1995.06.07.	민가협 목요집회 : 명동성당·조계사 경찰 난입과 한국통신 노동자 강제연행 규탄
1995.07.20.	국가보안법 피해자 대회 개최
1995.08.02.	양심수 석방 및 수배 해제 사면복권을 위한 1,995인 선언 기자회견
1995.08.07.	45년 세계최장기수 김선명과 양심수 전원석방을 위한 캠페인 주관 제1회 '양심수의 고난에 동참하는 하루 감옥 체험' 행사 주최
1995.08.09.	전국 교도소 앞에서 양심수 면회 투쟁
1995.08.10.	100회 민가협 목요집회
1995.08.30.	박용길 민가협 공동의장 석방대책위원회 결성과 방북 보고 및 석방 촉구
1995.10.20.	박용길 민가협 공동의장 구속집행정지로 석방
1995.10.21.	'세계 최장기수 석방 환영의 밤 행사'가 경찰의 원천봉쇄로 장소 옮겨 진행
1995.11.01.	'국가보안법 우리에게 무엇인가' 국가보안법 심포지엄 주최
1995.11.22.	'탈냉전 신국제질서와 인권' 국가보안법 국제 심포지엄 주최
1995.11.23.	전세계 인권운동가들과 함께하는 목요집회 주최
1995.12.23.	민가협 외 26개 단체 대표, '안기부 간첩사건조작 진상규명 공동대책위원회' 결성
1995.12.10.	일곱 번째 인권콘서트 '양심수를 위한 시와 노래의 밤'
1995.12.28.	인권다큐멘터리 '어머니의 보랏빛 수건' 제작 및 시사회
1996.03.19.	유엔 인권위원회 52차 회의 참가
1996.04.20.	민가협 양심수후원회 제8차 정기총회
1996.08.08.-10.	'96 양심수 석방을 위한 캠페인' 선포식 및 양심수 석방을 위한 행진, 하루 감옥 체험 등 진행
1996.08.13.	8·15 한총련 인권침해 사태 관련 긴급 구명활동
1996.11.	유엔 고문방지위원회 고문 보고서 제출 및 한국의 인권상황 심의회의 참가
1996.12.15.	여덟 번째 인권콘서트 '양심수를 위한 시와 노래의 밤'
1996.12.28.	인권영화 '외투' 제작 및 시사회
1997.01.04.	안양교도소 징벌에 항의하며 방문
1997.01.07.	서울구치소. 안양교도소 등 양심수, '노동법 및 안기부법' 날치기 처리에 항의 단식 농성
1997.08.07.-09.	'97 양심수 석방을 위한 캠페인' 선포식 및 5·6공 인권피해자 원상회복을 위한 고난의 행렬, 하루 감옥 체험 등 진행
1997.09.25.	200회 민가협 목요집회
1997.10.10.-18.	〈외투〉 부산국제영화제 초청 상영

1997.10.06.-13.	'어머니의 보랏빛 수건' 일본 야마가타영화제 초청 참가
1997.11.08.	민족민주열사 합동 추모비 제막식 참석
1997.12.22.	전두환·노태우 사면 반대 서울구치소, 안양교도소 앞 항의시위
1997.12.23.	아홉 번째 인권콘서트 '양심수를 위한 시와 노래의 밤'
1998.02.23.	국제사면위원회, 양심수 가족 간담회
1998.03.08.	제14회 한국여성대회에서 '여성권익 디딤돌'상 수상
1998.08.06.-08.	'98 양심수 석방을 위한 캠페인', 선포식 및 목요기도회, 하루 감옥 체험 등 진행
1998.12.10.	인권만화전 전시회 개최
1998.12.12.	열 번째 인권콘서트 '양심수를 위한 시와 노래의 밤'
1999.04.07.	독립적 국가인권기구 설치를 위한 인권활동가 단식농성 참가
1999.07.21.	아주 작은 인권만화전 '꼼짝마! 국가보안법' 오픈
1999.08.	김현철 사면 반대 시위
1999.08.05.-07.	'99 양심수 석방과 국가보안법 철폐를 위한 캠페인(양심수가 없는 나라)', 선포식 및 인권타임캡슐, 양심수를 위한 시민가요제, 하루 감옥 체험 등 진행
1999.10.	고문경관 이근안 철저조사 촉구시위
1999.10.07.	300회 민가협 목요집회
1999.12.	인권영화 '내 컴퓨터' 제작
1999.12.19.	열한 번째 인권콘서트 '양심수를 위한 시와 노래의 밤'
2000.04.29.	민가협 양심수후원회 제12차 정기총회
2000.05.15.	양심수 석방 기금 마련 민가협장터
2000.08.19.	민가협, 양심수후원회 2000년 여름수련회
2000.06.	남북공동선언 합의정신에 따른 국가보안법 폐지운동 전개
2000.09.	비전향장기수 송환추진 운동전개
2000.10.	조선노동당 창건 55돌 기념행사 초청으로 평양 방문
2000.12.09.	열두 번째 인권콘서트 '양심수를 위한 시와 노래의 밤'
2001.03.	3대 개혁 입법 촉구 운동 전개
2001.05.21.-25.	양심수를 위한 민가협 서울대 장터
2001.11.01.	400회 목요집회 개최
2001.11.	기본권 침해 우려되는 국가정보원 테러방지법 입법저지 운동
2001.12.15.	열세 번째 인권콘서트 '양심수를 위한 시와 노래의 밤'
2002.05.13.-17.	서울대 민가협 장터
2002.08.24.	민가협과 양심수후원회가 함께하는 '2002년 회원여름수련회'

2002.12.04. 열네 번째 인권콘서트 '양심수를 위한 시와 노래의 밤'

2003.03. 국가인권위원회 연구 용역 〈보안관찰대상자 인권침해 실태조사〉 보고서 작성·공개서

2003.08.30.-31. 민가협과 양심수후원회가 함께하는 '2003년 회원 여름수련회'

2003.12.11. 500회 목요집회 개최

2003.12.18. 열다섯 번째 인권콘서트 '양심수를 위한 시와 노래의 밤'

2004. 공안문제연구소 폐지

2004.06. 국가인권위원회 연구 용역 〈국가보안법 적용상에 나타난 인권실태〉 보고서 작성·공개

2004.11.-12. 17대 국회, 국가보안법 철폐 촉구 국회 앞 농성

2004.12.04. 열여섯 번째 인권콘서트 '양심수를 위한 시와 노래의 밤'

2005.04.16. 민가협 양심수후원회 제17차 정기총회

2005.07.15. 조작간첩 함주명 사건 재심 재판에서 무죄 선고

2005.12.10. 민가협 20주년 열일곱 번째 인권콘서트 '양심수를 위한 시와 노래의 밤'

2006.01.03. 600회 민가협 목요집회

2006.04.29. 민가협 양심수후원회 제18차 정기총회

2006.10. 조작간첩 사건 자료집 〈나는 간첩이 아니다〉 발간

2006.12.09. 열여덟 번째 인권콘서트 '양심수를 위한 시와 노래의 밤'

2007.03.04. 개정 집시법, 불복종운동 선언

2007.03.31. 민가협 제22차 정기총회

2008.04.26. 민가협 양심수후원회 제20차 정기총회

2008.08.13. 700회 민가협 목요집회

2009.03.18. 조순덕 민가협 전 상임의장 구속영장 청구규탄 기자회견(서울 남부지법 앞)

2009.03.20. 조순덕 민가협 전 상임의장 석방을 위한 사회단체 대표 및 실무자 모임 '조순덕 민가협 전 상임의장 석방과 민주주의와 인권을 위한 대책위원회' 구성

2009.04.06. 조순덕 민가협 전 상임의장 보석 석방(연행 구속 25일)

2009.04.24. 민가협 제24차 정기총회

2009.07.31. 김은혜씨 국가보안법 적용 연행 규탄 기자회견

2009.9.21.-9.24. 추석맞이 전국 양심수 면회 공동행동

2009.09.24. 대전교도소 앞 공안탄압 중단 및 양심수 석방 촉구 기자회견

2010.05.20. 800회 민가협 목요집회

2011.04.16. 민가협 양심수후원회 제23차 정기총회

2011.11.03.	900회 민가협 목요집회
2012.09.17.-21.	2012 추석맞이 전국 양심수 면회 공동행동
2013.01.04.	'고함_양심수 동지들을 만나러 갑니다.', 지원
2013.02.26.	양심수 석방 촉구 및 사면복권 촉구 각계인사 선언
2013.03.09.	민가협 양심수후원회 제25차 정기총회
2014.10.16.	1,000회 민가협 목요집회
2014.12.11.	2014 인권콘서트 '고단한 시대 희망을 노래하자!'(53개 단체 공동 주최)
2015.03.07.	민가협 양심수후원회 제27차 정기총회
2015.03.21.	민가협 제30차 정기총회
2015.05.12-14.	서울대 민가협 장터
2015.09.14.	추석맞이 전국 양심수 면회 공동행동 기자회견(서울구치소 앞)
2015.10.05.-07.	서울대 민가협 장터
2016.03.26.	민가협 제31차 정기총회
2016.05.10.-12.	서울대 민가협 장터
2016.10.27.-28.	서울대 민가협 장터(50회)
2017.06.07.	'양심수 석방 추진위' 발족
2017.08.05.	양심수 광복절 특별사면 촉구 집회
2017.09.25.	광주교도소 앞 양심수 전원 석방 기자회견
2017.10.10.-12.	서울대 민가협 장터(25년)
2018.03.10.	민가협 양심수후원회 제30차 정기총회
2018.03.17.	민가협 제33차 정기총회
2018.04.19.	58주년 4·19 민족민주단체 합동 참배식 참석
2018.07.19.	8·15 대사면 촉구 민가협 기자회견(1,180차 민가협 목요집회 대체)
2018.08.20.	'6월 항쟁 진압 모의' 전두환 내란음모죄 고발
2018.09.10.-12.	2018 추석맞이 전국 양심수 면회 공동행동
2018.09.18.-20.	서울대 민가협 장터
2019.01.23.	삼일절 특사 양심수 전원석방 촉구 기자회견
2019.03.09.	양심수후원회 정기총회(정의·평화·인권을 위한 양심수후원회로 독립)
2019.03.16.	민가협 34회 정기총회
2019.07.09.	'고함_신영프레시전 투쟁' 현장 지지방문
2019.07.16.	8.15 양심수 전원석방과 사면복권을 요구하는 기자회견
2019.08.06.	'고함_삼성 해고노동자 투쟁' 현장 지지방문
2019.08.14.	2019 조국통일촉진대회 참석

2020.02.13.	1,257회 민가협 목요집회 (마지막 목요집회, 코로나19 확산으로 중단됨)
2020.07.01.	임기란 어머니 추도식
2021.02.03.	민가협 보유 민주화운동 사료 민주화운동기념사업회 기증
2023.04.24.	민주유공자법 제정 촉구 단식 지지 통일광장 민가협 기자회견
2023.05.26.	'국가보안법 폐지해! 봄날' 콘서트 공동주최
2024.11.24.	바람으로의 여행 공연 단체관람(민가협, 유가협, 전대협동우회 등)
2025.04.02.-04.	민가협·유가협 부모님, 속초 효도관광(전대협동우회 주최)
2025.05.29.	민주화운동기념관(구 남영동 대공분실) 방문
2025.06.24.	민가협 40주년 기념사업위원회 대표자회의 및 결성식 참석
2025.06.26.	우리학교 시민모임 후원의 밤 참석
2025.07.01.	국가보안법 폐지선언 참가

포토 에세이

어머니의 이름으로

억울한 아들 딸과 남편, 아내의 이름을 부르며 눈물로 거리를 채우던 그날,

두려움에 떨었지만, 우리는 이미 걷고 있었습니다.

멈출 수 없는 여정의 첫 발자국을.

경찰서 앞 차가운 바닥에서,

교도소 담벼락 어둠 속에서,

안기부 철문을 두드리며 밤을 지새우던 어머니들.

그들이 흘린 뜨거운 눈물은 꺼지지 않는 불씨가 되어 한 시대를 밝혔습니다.

두려움이 발목을 잡아도, 진실을 향한 발걸음은 멈출 수 없었습니다.

긴 여정 속에 '나'는 민가협과 함께 있었고, 민가협은 '나'의 삶이 되어갔습니다.

목요집회 27년간 1,257회

민주장터 50회

인권강좌 49회

양심수를 위한 시와 노래의 밤 18회

이 기나긴 세월이 민가협 어머니들이 맨몸으로 지켜내고 견뎌온 삶의 시간표였습니다.

구속자 가족에서 인권운동가로 거듭나며,

민주와 인권의 새 시대를 열어낸 보랏빛 스카프의 어머니들.

무엇 하나 가진 것 없이 맨몸으로

독재의 어둠과 맞서 싸운 가장 용감한 이름, 민가협 어머니.

민가협, 그 속에 숨 쉬고 있는 또 다른 이름은

'사랑의 힘으로 세상을 변화시킨 어머니'입니다.

함께 걷는 길 위에서 우리는,

서로의 상처를 껴안으며 고통을 연대로 바꾸는 법을 배웠습니다.

우리의 민주와 인권은 이렇게
거리에서 어머니들이 흘린 눈물을 딛고 한 걸음 한 걸음씩 전진해 왔습니다.

민주화실천가족운동협의회

민가협 어머니들의 민주와 인권을 향한 염원이

다음 세대에도 이어져 더 큰 빛이 되기를 소망합니다.

에필로그

2024년, 윤석열 정권에 의한 계엄 선포와 내란 행위로 인해
우리는 역사의 가장 어두운 장면을 다시 마주했습니다.
한 세대가 피로 쟁취한 민주주의가 흔들리는 현실 속에서,
사람들은 과거의 악몽이 현재로 되돌아온 듯한 두려움을 느꼈습니다.

우리는 자연스럽게 민가협 어머니들의
민주주의와 인권을 위한 40년 삶과 투쟁을 다시 한번 생각하게 되었습니다.

민가협 40주년 기념 도서는
어머니들 눈물과 헌신으로 한 걸음씩 전진해 온 민주화와 인권운동이,
다음 세대에도 계승되고 혁신되기를 바라는 작은 소망을 담고 있습니다.

민가협 어머니들의 헌신과 사랑은 오늘도 현재 진행형입니다.